핵심만
떠먹여드립니다

핵심만 떠먹여드립니다

3분 안에 얻는 8가지 인사이트

초 판 1쇄 2025년 04월 15일

지은이 한담
펴낸이 류종렬

펴낸곳 미다스북스
본부장 임종익
편집장 이다경, 김가영
디자인 임인영, 윤가희
책임진행 이예나, 김요섭, 안채원, 김은진, 장민주

등록 2001년 3월 21일 제2001-000040호
주소 서울시 마포구 양화로 133 서교타워 711호
전화 02) 322-7802~3
팩스 02) 6007-1845
블로그 http://blog.naver.com/midasbooks
전자주소 midasbooks@hanmail.net
페이스북 https://www.facebook.com/midasbooks425
인스타그램 https://www.instagram.com/midasbooks

© 한담, 미다스북스 2025, *Printed in Korea*.

ISBN 979-11-7355-193-2 03910

값 16,800원

미다스북스는 다음세대에게 필요한 지혜와 교양을 생각합니다.

3분 안에 얻는 8가지 인사이트

CORE INSIGHTS

핵심만
떠먹여드립니다

한담 지음

미다스북스

이 책에 담긴 메시지가 당신의 실생활에
즉각적인 활력과 통찰을 불어넣어 줄 것이다.

앞으로 _____의 앞길에
새로운 열정이 가득 피어나길 바라며!

이 책에는 내가 다양한 도전과 경험을 통해 얻은 생각을 담았다. 유용한 메시지를 핵심만 담기 위해 불필요한 부분을 배제하고, 도움이 될만한 주제를 짧게 풀어냈다. 효율적으로 사고할 수 있는 전략부터 감정을 다룰 수 있는 뇌과학적인 방법도 들어있다.

우리는 이미 무엇이 좋은지 머리로는 잘 알고 있다. 그러나 그 좋은 정보들을 적재적소에 잘 사용하며 살아가기는 쉽지 않다. 어떤 것의 장점을 제대로 알지 못하면, 그것을 쉽게 지나친다. 그런 습관은 다양성을 띤 발전을 방해하기도 한다. 이 글을 열린 마음으로 받아들인다면, 책의 내용을 넘어서는 자신만의 인사이트를 창출할 수도 있다.

본문의 어느 한 줄이라도 여러분의 공감을 얻는다면, 나는 매우 행복할 것이다.
　　부디 여러분의 일상에 이 책이 틈틈이 스며들기를 바라며!

자기계발

제1장

뇌를 통한 근본적 접근

제1장에서는 우리의 사고를
활성화하는 방법에 집중해 보자.

사과 이야기

'모든 사과는 붉을수록 당도가 높다.'

당신은 이 문장에 어떻게 반응하는가?

결론부터 말하자면, 이 말에는 오류가 있다. 붉은 사과 중에는 당도가 낮은 사과도 있기 때문이다.

'생각의 전환'이라고 하면, 우리는 흔히 생각을 반대로 뒤집는 사고 기법을 떠올린다. **생각의 전환은, 다른 관점으로 분석하여 또 다른 통찰을 얻는 것이다. 기존의 생각을 바꾸려면, 내가 가진 선입견을 내려놓아야 한다.** 그러나 이것은 생각만큼 쉽지 않다. 우리는 무의식적으로 기존에 갖고 있던 선입견에 의지하여 사고하기 때문이다. 따라서 어떤 부분이 선입견인지 분별하는 연습이 필요하다.

다음 예시를 통해, 생각의 전환이 일어나는 상황을 살펴보자.

당신이 사과 농장의 주인이라고 해보자. 당신의 목표는,

당도 높은 사과만을 판매하여 상품성을 인정받는 것이다. 사과의 상품성을 위해서는 당도 높은 사과가 필요하니, 붉은 사과 위주로 판매해야 한다고 생각한다. 하지만 당도라는 것은 사과 속의 단맛을 내는 성분과 관련 있는 것이지, 얼마나 붉은지는 중요하지 않다.

　사과의 단맛을 내려면 칼륨 같은 미네랄을 비료 성분으로 사용하는 것이 중요하다. 하지만 **'사과는 붉을수록 당도가 높다.'라는 생각에 갇혀 있으면 어떻게 될까? 붉은 사과만을 판매함으로써 상품 수확량은 한정되고 만다. 게다가 붉은 사과가 모두 달지 않으므로, 당도를 강조한 상품성에도 만족하지 못한다.**

　'붉은 사과는 모두 달다'는 선입견을 버리고, 단맛의 근본적인 요인에 집중했다면 더 많은 이익을 얻었을 것이다.

　앞의 예시를 통해, 어떤 것이 선입견이 될 수 있는지 감을 잡았을 것이다. 이렇듯 **선입견은 다른 관점에서 보면 틀린 생각일 수도 있다.** 만약 선입견이 개입하는 부분을 찾기 어렵다면, 생각의 과정을 한눈에 볼 수 있도록 종이 위에 기록하는 것도 한 방법이다. 그러면 백지 위에 쓰인 생각을 객관적으로 바라볼 수 있는 거리가 생긴다.

선입견을 찾아내고, 다른 관점으로 접근하면 생각을 전환하는 능력이 발달하게 된다. 이 능력은 불리한 상황에서 돌파구를 찾거나 다른 이의 생각을 받아들이는 데에 결정적인 도움이 될 수 있다.

습관, 강력한 도구

우리가 추구하는 사고방식이나 마음의 자세도 습관으로 만들 수 있다!

긍정적인 자세가 습관화된 사람은 주변과 자신에 대해 더 많은 가능성을 발견하게 된다. 또한, 생각을 보완하여 사고하는 습관을 지니면, 넓고 깊은 안목을 가지게 된다. 이렇듯 우리의 습관은 인생에 다양한 영향을 미친다. 그렇다면 좋은 습관을 확실하게 내 것으로 만들려면 어떻게 해야 할까?

질문에 답하기에 앞서 습관화의 과정에 대해 살펴보자.

1. **새로운 생각을 하거나 신체적 활동을 할 때, 뇌는 의식적으로 개입하여 그 일을 수행한다.** (예시: 우리가 초행길을 갈 때는 내비게이션의 안내에 집중하여 운전한다. 이때 주의해서 운전하지 않으면 잘못된 길로 들어서기 쉽다.)

2. 그런 활동이 반복되면 뇌는 이를 학습하여 **습관 회로***를 **형성하기 시작한다.** 활동이 반복될수록 습관 회로가 활성화되고, 의식적 개입이 점점 줄어든다. (예시: 매일 같은 길을 운전하다 보니, 어느 순간부터 안내 음성이나 길 찾기에 덜 집중해도 운전이 편안해진다.)

3. **반복을 통해** 의식적 개입이 거의 없어지고, **습관 회로의 역할이 더욱 많아진다.** 이를 통해 의식적으로 생각하지 않아도 자연스럽게 그 활동을 한다. (예시: 한 달쯤 같은 길로 운전을 반복하다 보니, 내비게이션의 도움 없이도 길이 눈에 들어온다. 저절로 핸들을 돌리고 차선을 변경하는 자신을 발견한다.)

앞의 과정에서 알 수 있듯 습관화에 중요한 것은, 습관 회로를 형성하는 것이다. 이를 돕는 3가지 요소는 유전자 발현 촉진, 신경망 형성 인자 제공, 보상을 통한 뇌 활성화가 있다.

첫 번째로 소개할 '유전자 발현'에 앞서, 개념적인 설명을 먼저 다뤄보자. **DNA의 일부인 유전자는 단백질 합성에 필요한 정보**를 담고 있다. 이 정보에 담긴 내용대로 **단백질이 만**

---

* 습관을 관장하는 뇌의 신경회로이기에 '습관 회로'라고 표현하지만, 습관 회로도 뇌의 신경망이다.

들어지는 것을 '**유전자 발현**'이라고 한다. 이 유전자 발현을 촉진해야 습관 회로 형성에 필요한 단백질이 활발히 합성된다. 수면 부족은 유전자 발현을 억제하므로 충분한 수면이 매우 중요하다.

두 번째, '**신경망 형성 인자**'라는 물질은 습관 회로 형성 활동을 돕는다. 따라서 이 물질들이 활발히 생성될수록 습관 회로를 빨리 만들 수 있다. 이러한 신경망 형성 인자들을 얻는 방법은, 유산소 운동과 같은 신체 활동 외에도 비타민D, 커큐민, 마그네슘 등의 섭취가 있다.

마지막으로 보상을 통한 뇌 활성화를 살펴보자. 어떤 **활동 후 보상이 주어지면, 도파민 분비를 통해 뇌가 더욱 활성화되면서 이를 통해 습관화에 기여**한다. 보상은 여러 가지가 될 수 있다. 공부한 뒤에 좋아하는 노래를 듣거나, 지루한 업무를 끝내고 힐링할 영화를 보는 일 등이다. 기분이 좋은 활동을 해주면 된다. 이때 좀 더 신경 써야 할 것은, **행동 후 즉시 보상이 주어지게 해야 한다. 그래야만 직전 행동에 대한 보상으로 연결하여 인지하기 때문이다.** 이렇게 습관 회로가 자리 잡으면 보상 없이도 그 행동이나 사고를 자연스럽게 수행하게 된다.

다음 문단은 '습관 회로'에 대한 복습이다.

습관이 형성되는 단계는, 뇌에 특정 활동과 연관된 습관 회로가 자리를 잡을 때이다. 이 신경회로가 뇌 속에 뚜렷하게 자리를 잡으면, 의식적인 노력 없이 자동으로 사고나 행동을 수행한다. **습관 회로를 빨리 형성시키는 방법은, 어떤 일을 자주 반복하거나 강하게 집중하여 신경망 형성을 촉진하는 것**이다. 이런 노력을 병행한다면 우리가 원하는 습관을 더욱 쉽게 만들 수 있다.

일단 쪼개보기

우리는 일이 손에 잡히지 않을 때 적당한 핑계로 그 업무를 미루곤 한다. 이것은 습관으로 이어져 오히려 일을 더 어렵게 만든다. 집중이 안 된다고 일을 미루면, 그 일을 관장하는 뇌 영역이 점점 비활성화되어 집중이 어려워지기 때문이다.

일을 미루고자 하는 본질적인 이유를 들여다보면 다음과 같다. 의욕이 떨어져서, 피곤해서, 능률을 더 올리기 위해, 혹은 제대로 집중하지 못할 것 같아 일을 미룬다.

집중이 안 되어 **비활성화된 뇌의 영역을 깨우려면, 일단 계속 그 일을 해야 한다.** 하고자 하는 그 일에 **계속 집중하며 사고하려는 행동이 가장 정확한 자극**이 되기 때문이다. 그래야만 그 영역이 다시 활성화되어 깊은 집중도 가능해진다. 계속 몰입하기 위한 노력이 절대적으로 필요하다.

성공한 사람들은 일에 투자하는 시간이 어마어마하다. 그들이 앞의 내용을 인지하고서 일을 했는지는 중요하지 않다.

어쨌든 그들은 미루지 않는다. 시간을 투자해 뇌를 자극하고, 그렇게 해서 활성화된 뇌를 이용하여 그 집중력을 온통 자기 일에 쏟아붓는다.

집중이 안 된다는 이유로 미루면 안 된다. **'일단 그냥 하는 것' 자체가 성공을 위해 매우 중요한 시발점이다.**

힘든 일에 집중하려고 시도할 때, 어떤 방법을 이용하면 좀 더 수월해질까? 바로 일의 시작 부분에서 '쪼개기' 방법을 활용하는 것이다.

어떤 작업을 시작할 때, 처음부터 깊이 있게 집중하는 것은 힘들다. 게다가 어려워 보이는 작업일수록 첫 시작을 내딛기가 꺼려진다.

일단 집중을 '시작'하려면, 쉽게 느껴지는 작업을 먼저 해야 한다. 이를 위해 작업을 여러 단계로 쪼개보자. **일이 쉽게 느껴질 정도로 단계를 계속 쪼개주면 된다.**

예를 들어보자.

'마케팅에 대한 공부'를 단계별로 쪼개본다고 하자. 첫 단계가 마케팅의 의미를 분석하는 단계일 때, 분석 단계가 어렵게 느껴진다면, 이 단계를 다음과 같이 또 쪼개어보는 것이다.

1. 마케팅의 사전적 정의 찾기

2. 정의에 사용된 전문 용어들에 대한 개념 파악

3. 마케팅의 정의 이해

첫 단계가 쉽다고 느껴지는 순간, 우리는 그 업무에 능동적으로 집중하려고 한다. 일단 깊은 집중이 시작되면, 그다음 단계의 업무에 자연스럽게 집중할 수 있다. 초반 몰입의 과정에서 뇌를 활성화해 놓았기 때문이다.

이런 쪼개기 작업의 장점은, 단계를 나누어 계획하는 과정에서 업무적인 누락이 생기지 않게 돕는다는 점이다. 또한, 자신에게 맞는 방식으로 작업 계획을 세울 수 있다.

허들을 넘어라

요즘 '번아웃'이라는 말을 정말 많이 들었다. 학생이나 직장인은 물론이고 가사 일만 하는 사람들도 번아웃이 왔다고 말한다. 이런 현상은 예전에도 있었을 텐데, 요즘에는 거의 매일 듣는다. 아마도 정신 현상에 대해 정의하고 명명하는 일이 많아지면서 주목받게 된 토픽이 아닐까 싶다.

번아웃 현상은 왜 일어나는 것일까?

번아웃이 오는 원인은 다양하며, 여러 원인이 복합적으로 작용하기도 한다. 많은 사람이 일과 삶의 균형이 맞지 않는다고 말한다. 그런 환경에서 일을 계속하다 보니 번아웃이 왔다고 한다. 그런데 번아웃 없이 워커홀릭으로 행복하게 사는 이들도 있다. 즉, **번아웃이 올 확률이 업무량에 정비례한다고 볼 수 없다**는 것이다.

학생이나 직장인 대부분이 반복적인 생활 양식에 갇혀 있다. 이런 환경에서는 다양한 사고 활동을 경험할 시간이 제한된다. 학습이나 업무를 제외하면 무미건조한 생활의 반복이다. 어떠한 동기나 의욕이 줄어들 수밖에 없다. 또한, 개개인의 목표나 꿈에 대한 비관적 사고도 번아웃을 일으킬 수 있다. 이상적인 목표에 도달할 수 없으리라는 체념으로 의욕을 잃으면, 노력은 물론이고 도전조차 포기하게 된다. 사실 어떤 꿈이나 목표가 없다면, 살아갈 이유를 찾기 어려울 것이다. 그래서 우리는 번아웃을 겪을 수 있다.

번아웃의 원인을 찾아내고, 그것을 극복하는 방법을 생각해보자.

우선, 뇌를 자극하는 방법이 있다. 예를 들어 **창의성을 요구하는** 취미 생활을 하거나 색다른 장소에서 업무를 하는 방법도 좋다. 낯선 환경이 주는 **새로운 자극이 뇌를 활성화한다.** 또 다른 방법은 건물 밖을 벗어나 자연과 교감하는 것이다. 그것은 뇌에 좋은 에너지를 공급하는 훌륭한 해결책이다. 실제로 자연과의 교감은 동기 부여와 행복을 관장하는 신경 전달 물질의 분비를 활성화한다.

그다음에는 꿈과 목표에 대한 도전 의식을 갖자. 할 수 있다는 생각으로 목표를 세워야 한다. 안 될 거라는 생각으로 목표를 세우는 사람은 아마도 없을 것이다. 그러나 불리한 환경에 놓이게 되면, 조금씩 그 목표와 꿈을 조정하고 때로 그 끈을 놓기도 한다. 그런 포기 상태에서 한 발 한 발 내딛는 방법은, 작은 목표부터 다시 설정하는 것이다.

이런 식으로 **목표를 달성하는 경험이 많아지면, 성취감을 반복적으로 맛보게 된다.** 그 성취감으로 다음 목표를 세우고, 이전보다 높아진 자기 신뢰를 통해 더 나은 도전을 할 수 있다. 일반적인 사람이면 누구나 이런 과정을 겪는다.

우리는 앞에 제시한 방법으로 번아웃 현상을 예방할 수 있다. 이때 도움이 되는 마음가짐은, **번아웃을 너무 높은 허들로 보지 않아야 한다**는 것이다. 그 허들의 높이를 조정하는 것도 우리 자신이다. 우리의 마음가짐에 따라, **충분히 넘어갈 수 있다**는 말이다.

천천히 늙어가기

이런 말을 들어본 적이 있을 것이다.

"이제 나이가 들어서 머리 회전이 예전 같지 않아."

"어제 아침 일이, 한 달 전 일인 줄 알았다니까."

"등에 업은 아기 삼 년 찾는다더니, 휴대폰을 손에 들고 아침 내내 그걸 찾아다녔어."

뇌의 신경 세포들이 노화하면서 일어나는 일반적인 현상이다.

뇌가 노화하면 단순히 사고력만 감소하는 게 아니라, 신체에도 영향을 미친다. 몸의 움직임을 관장하는 뇌 영역의 활동이 감소하여 반응 속도가 느려지고, 그에 따라 신체의 감각 기능도 둔해지는 것이다.

뇌세포가 노화되면 신경망을 이루는 세포의 활동도 둔해진다. **세포 간의 교류 신호가 약해지고 사고 활동을 돕는 신경망의 기능이 퇴화하는 것이다.** 하지만 **우리의 뇌는 '신경**

가소성'을 통해 이 현상을 보완한다. 자주 사고하는 쪽의 신경망은 더욱 발달하고, 사용하지 않는 쪽의 신경망은 점점 사라지는 뇌의 성질을 '신경 가소성'이라고 한다. 사고를 활발히 하여 뇌를 자극하면, 신경망이 많이 생성되기 때문에 뇌의 노화를 어느 정도 양적으로 보완할 수 있게 된다.

흔히 머리가 굳는다는 현상은, 평소의 사고방식대로 고정된 관점에서 문제를 바라볼 때 생긴다. 생각하는 방식이 제한되면 사용하지 않는 신경망들은 점점 퇴화하기 때문이다. 따라서 뇌를 젊게 유지하려면 익숙하지 않은 분야의 정보를 다루거나, 새로운 관점으로 문제에 접근하는 자세가 도움이 된다.

이외에도 간단하게 시도할 수 있는 뇌 자극법이 있다. 복잡하고 다양한 동작이 요구되는 운동을 추천한다. 이런 동작은 서로 다른 뇌의 영역들이 협력하여 활성화되기 때문에 뇌 기능 개선에 많은 도움이 된다.

이렇듯 뇌 건강이야말로 우리의 내적 외적인 부분 모두와 밀접한 관련이 있다. 그러므로 노화를 막는 중요한 개념은 뇌를 젊게 유지하는 것이다.

이제 어렵다고 느끼는 일에 도전해도 좋다. 역경에 맞서는 것이, 당신의 뇌를 바꾸는 촉매제 역할을 해줄 것이다. 그러니 만약 **역경이 찾아오면, 당신의 뇌를 발달시키는 진화 과정이라 여기고 과감히 맞서면 된다.**

도파민의 두 얼굴

요즈음 유독 도파민이라는 단어가 자주 눈에 띈다. 그중에는 도파민에 대한 해독을 의미하는 '도파민 디톡스'라는 표현이 있다. 도파민에 의한 부정적인 현상이 많아지면서 등장한 표현으로 보인다. 그러나 도파민은 나쁜 물질이 아니다.

도파민이 알맞게 분비되면 실패나 두려움에 대한 부정적 감정을 덜 느끼게 된다. 또한, 더 높은 목표를 추구하려는 자신감도 생긴다. 이것이 바람직한 과정을 통해 얻어지는 도파민의 효과이다.

그렇다면 어떻게 해야 도파민을 알맞게 활용할 수 있을까?

이쯤에서 우리 몸의 **항상성 유지 현상**에 대해 짚고 넘어갈 필요가 있다. 항상성 유지는 **신체 상태의 급격한 변화로부터 이전 상태를 유지하기 위해 작동하는** 신체 메커니즘이다.

도파민이 강한 자극으로 단시간 내에 많이 분비되면 '항상성 유지 현상'이 신체 내부에서 일어나기 시작한다. 분비되었던 도파민을 재흡수해버리고 분비를 억제하게 된다. 이런 현상처럼 강한 자극을 받은 뒤로는 도파민의 분비량이 오히려 줄어들어 무기력증을 느끼게 되는 것이다. 강한 자극은 도파민의 과분비로 이어져 우리를 자극에 대한 중독에 빠뜨리기도 한다.

도파민을 제대로 활용하는 방법에 대해 살펴보자.

우리의 뇌는 역경을 극복하고 시도하려는 과정에서 활발하게 자극된다. 역경이 복잡하고 불확실할수록 이를 해결하기 위해 신경전달 물질의 분비가 촉진된다. 고난을 극복하고 나면 심리적으로 큰 만족감을 느끼는데, 이때 도파민이 분비되면서 성취감을 느끼는 것이다. 이것은 우리에게 의욕과 동기를 불어넣는다. 하지만 역경 뒤에 거둔 성공은 매일 찾아오는 손님이 아니다.

어떻게 하면 고난의 경험 없이도 양질의 도파민을 얻을 수 있을까? 바로 **'원만한 속도'로 적당량의 도파민이 분비되도록 자극을 주는 것**이다. 이러한 자극을 주는 방법을 간략하게 정리해보자.

1. 신체 활동을 통한 자극: 유산소 운동, 요가, 스트레칭, 명상
2. 환경을 통한 자극: 백색 소음, 적절한 템포의 음악 감상

앞에 나열한 방법이 아니어도, 당신을 편안하게 이완시켜서 집중하게 해주는 활동이 있다면 그것을 추천한다. 과한 자극은 피해야 한다. 언제나 자극은 적당해야 하며, 장시간에 걸쳐 의욕을 지속시켜주는 방법인지 생각해보아야 한다.

창의적인 메모

정보를 전달하는 일이 매우 간단한 시대가 되었다. 그래서 이제는 정보에 자신만의 인사이트를 넣은 결론까지 제시할 때 비로소 가치를 얻는다. 그렇다면 어떻게 해야 더 창의적인 아이디어를 내고 인사이트를 얻을 수 있을까?

흔히, 무관해 보이는 것을 연결하여 가치를 만들어내는 것을 창의성이라고 생각한다. 하지만 내가 여기서 다루고자 하는 '창의성'은 무관한 것을 연결하는 '기법'이 아니라, 아이디어를 도출하는 능력이다.

뇌의 활동 관점에서 보면, **창의적인 사고를 할 때** 뇌의 양쪽 반구에 있는 **신경회로가 활성화된다.** 뇌에서 창의성을 관장하는 부분을 우반구라고 알고 있는 사람들이 많다. 그러나 **진정한 창의성은 좌뇌와 우뇌의 균형 잡힌 활동에서 일어난다.** 그렇다면 우뇌와 좌뇌를 함께 자극하는 방법은 무엇일까?

여러 방법이 있겠지만, 가장 추천하는 방법은 백지 위에 이것저것 메모해보는 것이다. 이때 주의할 점은, 나만의 방식대로 생각을 정리하여 글을 구성해야 한다는 것이다. **정보를 자신의 관점으로 새롭게 표현하는 과정에서 우뇌를 자극하고, 자신이 처리한 생각을 언어로 옮겨적는 과정에서 좌뇌를 자극하게 된다.** 즉, 생각을 정리하는 **메모 습관이 좌뇌와 우뇌를 모두 자극해서 창의성을 증폭시킨다.** 이런 추상화 과정을 곁들인 메모 활동은 단순한 암기나 기억 인출이 아닌, 정보를 직접 지어내는 것과 같은 효과를 얻는다. 이는 인지 심리학에서 말하는 '생성 효과'를 불러일으킨다. 자신이 직접 만들어낸 정보를 더 쉽게 기억하는 효과이다.

정보에 대한 이해와 습득을 위해 필사를 하는 사람들도 있다. 필사의 반복 과정에서 개념을 이해하거나 기억할 수 있기 때문이다. 하지만 정보의 습득과 이해를 넘어 나만의 통찰을 얻기 위해서는, **그 정보의 소재를 내 방식대로 메모하거나 설명해보는 방식이 더욱 효과적이다.** 나름대로 **정보를 가공해보는 활동이 뇌를 더욱 자극하기 때문이다.** 결국, 스스로 정보를 가공하는 시간을 가지는 게 중요하다.

소통과 협력

제2장

함께하는 것의 가치

제2장에서는 관계 안에서의 소통을 위해
필요한 것들을 찾아 보자.

아이디어 재배치

다양한 사람이 협업하는 환경에서, 가치 있는 아이디어를 끌어내는 능력이야말로 조직에 필요한 능력이 아닐까 싶다. 이 능력을 기르기 위해서는, 가장 먼저 **동료들의 다양한 생각을 경청하여 취합하는 것이 중요하다. 각 개인이 가진 데이터를 모두 반영하는 효과**를 얻을 수 있기 때문이다.

그다음으로 중요한 것은, 앞에서 취합한 의견을 해체하여 다시 조합하는 능력이다. 다양한 의견이 모인 만큼 그것들끼리 부딪치는 부분이 있을 것이다. 이를 해체해보는 과정을 통해 정보를 다시 조합할 수 있다. 겉보기에 상충하는 의견일지라도 그 **특성들을 뽑아내어 훌륭한 재배치가 일어날 수 있도록 조합하는 능력이 필요한 것이다.** 이 과정에서 혼자서는 생각하지 못한 획기적인 아이디어가 나올 수도 있다. 그렇다면 다양한 의견을 조합하고 해체하는 과정에서 각각의 특성끼리 맞물리도록 재배치하는 방법은 무엇일까?

의견 조합은 다양한 정보를 열린 마음으로 받아들이는 것부터 출발한다. 그런 다음 받아들인 의견을 어떻게 해체하면 훌륭한 재배치로 이어질지 고민하는 게 두 번째이다. 중요한 것은 의견을 어떤 방식으로 해체하느냐이다.

　여기서 제시하고자 하는 방식은, **주장하는 부분과 주장을 뒷받침하는 부분으로 분리하는 것**이다. 좀 더 공감되는 설명을 위해 예시를 통해 '해체와 재배치'의 과정을 살펴보자.

　당신이 온라인 과일 판매를 위한 홈페이지를 만들고 있다고 가정해보자.

　이 홈페이지에 들어갈 첫 메인화면을 결정해야 하는데, 동료들과 상의 후에 다음과 같은 의견들이 나왔다고 하자.

　A: "과일의 **신선함을 강조하는 게 중요해!** 그러니까 신속하게 처리되는 유통 절차를 첫 화면에 제시하자."
　B: "우리가 실제로 **보유하고 있는 상품이 맛있어 보이는 게 중요해!** 따라서 시각적으로 어필할 수 있는 실제 상품의 사진을 첫 화면에 보여주자."

A는 글로 설명되는 유통 절차를, B는 시각적인 이미지인

과일 사진을 넣자는 다른 의견을 내놓는다. 이를 앞에 제시한 방식으로 해체하면 어떨까?

A가 주장하는 부분: 신속한 유통 절차를 공개해서 신선함에 대한 신뢰도를 높이자.
A의 주장을 뒷받침하는 부분: 과일 판매에 있어, 상품의 신선함을 어필하는 것이 중요하다.

B가 주장하는 부분: 실제 보유 상품을 예쁘게 찍어서 시각적으로 어필하자.
B의 주장을 뒷받침하는 부분: 실제 상품을 이용해, 시각적으로 좋은 이미지로 보여야 소비자에게 더 좋게 보일 수 있다.

여기에서, 각 의견을 뒷받침하는 부분을 재배치해보자.
'신선함을 강조하는 것이 중요하다.'와 **'실제 상품을 시각적으로 각인시키는 것이 중요하다.'**라는 주장을 합치면 '실제 상품을 이용하여 신선함을 시각적으로 각인시키자.'라는 정보로 재조합된다.
이는 곧 **'실제 상품의 단면을 사진으로 보여주어, 시각적으**

로 신선함을 보여주자.'라는 제3의 의견을 탄생시킨다.

이를 통해 얼핏 단어로만 표현되어 와닿지 않는 A 의견의 단점을 보완하고, 이미지로만 소비되는 듯한 B 의견을 넘어서는 '신선한 과일을 강조'할 수 있게 된다.

이렇게 **상충하는 의견에 대한 조합 능력이 '해체와 재배치'에 있다는 것을 기억**하면, 당신은 어떤 조직에서든 양질의 아이디어를 제공하는 에이스가 될 수 있다.

경쟁자와의 콜라보

　우리나라는 초등학교에서부터 경쟁 구도 속에서 성장한다. 시험 점수로 순위를 정하고, 그 성적으로 모범생의 지위를 부여하는 공동체 속에서 스무 살이 된다. 그 모범생들은 사회가 인정하는 좋은 대학, 좋은 직장을 얻고자 필사적인 노력으로 학창 시절을 보내고 성인이 되는 것이다. 이제 그들은, 경쟁을 통해 이겨야만 더 나은 삶을 쟁취할 수 있다는 가치관을 가지게 된다.

　하지만 한편으로 다른 나라에서는 경쟁을 조장하는 환경이 장기적으로 얼마나 위험한지를 강조해 왔다. 그것을 일찍이 깨달은 독일의 교육 개혁에 대해 다뤄보고자 한다. 독일의 교육 개혁은 1960년대 말부터 1970년대에 활발히 진행되었다. 이 시기의 독일 혁명을 주도한 이들은 나치즘의 뿌리를 뽑는 데에 힘썼고, 그 방법의 하나가 국민 의식을 바꾸는

'교육 개혁'이라고 여겼다. **경쟁이 당연시되는 환경 속에서 비인간적 세계관을 가진 엘리트 집단이 탄생했다고 진단**한 것이다.

이들의 주된 개혁의 핵심은, **교육 현장에서부터 경쟁을 없 애자**는 것이었다. 그들은 성적순으로 학생을 다루지 않고, 특정 기준의 학업 성취도를 만족하면 되는 절대평가 방식을 도입했다. 필기시험뿐 아니라 학생들의 다양한 역량까지도 성적으로 인정하는 평가 제도를 고안했다. 이를 통해 학생들 은 단순 경쟁에서 벗어났고, 성적 때문에 낙오되지도 않았 다. **그렇게 독일의 인재들은 공생하는 법을 배웠다.**

우리나라야말로 경쟁을 지양하는 교육이 절실하다. '경쟁 해서 우위를 차지해야만 이익이 따른다.'라는 유년기부터 체 득한 믿음이 우리의 공생을 방해한다. 경쟁에서 지면 안 된 다는 스트레스와 압박 속에서 평생을 살아간다. 서로에게 이 바지하면서 함께 쌓아 올려도 충분한 이익을 얻을 수 있다는 믿음이 부족하기 때문이다.

오늘날의 가게와 기업들은 소비자를 끌어들이기 위해 가 격 경쟁을 하고, 서로의 기술을 빼앗는 데에 에너지를 쓰고 있다. 이는 장기적으로 보면 모두가 패배하는 지름길이다.

당신과 비슷한 환경과 이상을 가진 사람은 협업할 수 있는 사람이다. 결코, 비교하고 경쟁할 대상이 아니다.

유명 브랜드끼리 콜라보한 제품들을 심심치 않게 보았을 것이다. 서로의 경험과 데이터를 종합하여 더 좋은 상품이 나오면, 이 가치를 알아본 소비자들은 기꺼운 마음으로 그것을 구매한다. 협업을 통해 우리의 가치를 올리면, 그 우수성을 알아본 소비자들은 열광할 것이다.

당신의 넓은 시야와 훌륭한 **마인드를 결코 심리적 경쟁 구도에 가두지 않기를 바란다.** 용기를 내어, 먼저 신뢰를 보여주면 상대의 마음에도 변화가 올 것이다. 무언가 보란 듯이 자신의 것을 내거는 방식은 신뢰를 보이는 방법이 아니다. 당신의 인품을 느낄 수 있게 해주고, 함께 할 수 있는 비전을 보여주는 것이 신뢰의 시작이다.

분위기 만들기

요즘 퍼스널 브랜딩이 활발히 이루어지고 있다. 퍼스널 브랜딩의 뜻을 간단히 정리하면, 한 사람의 개성이나 매력 혹은 전문적인 이미지를 설계하고 알리는 것을 의미한다.

SNS와 콘텐츠 플랫폼이 활성화되면서 개성을 표현하는 일의 가치가 높아졌다. 이런 분위기 속에서 대중의 시선을 끌기 위해 자기만의 차별화된 이미지가 중요해졌다. 이럴 때 우리는 퍼스널 브랜딩의 도움을 받을 수 있다. 또한, 전혀 모르는 사람에게 나를 어필할 때도 퍼스널 브랜딩은 매우 강력한 도구로 쓰인다. 나만의 분위기에 장점을 잘 결합한 전문적 이미지로 주목을 받을 수 있기 때문이다.

퍼스널 브랜딩이 잘 된 사람은 타인이 자신을 어떻게 바라볼지 파악하고 있으며, 어떻게 자신의 매력을 보일 것인지도 알고 있다.

매력적인 퍼스널 브랜딩은 어떻게 할 수 있을까?

퍼스널 브랜딩에 앞서 더 중요한 본질에 대한 얘기를 해보고자 한다. 좋은 분위기를 가진 사람은 더욱 효과적인 퍼스널 브랜딩이 가능하다. **자신을 어떤 사람으로 느끼는지에 따라** 밖으로 표현되는 **인상이 달라진다.** 자기를 인자한 사람이라고 느끼면, 행동과 표정 또한 그 믿음에 따라 변한다. 그렇게 변화된 표정이 그 사람의 분위기를 형성하는 것이다.

모두에게 **호감 받는 퍼스널 브랜딩을 위해서는, 근본적으로 자신을 좋아하고 가치 있게 여겨야 한다.** 그래야 나의 분위기가 좋아진다. 결국, 내 인상은 자신을 어떤 사람으로 느끼느냐에 달렸다.

우리는 자기 자신을 느끼는 대로 존재하기 때문이다.

외모는 천재성보다 낫다?

이번 글에서는, 중요한 사회적 요소 중 하나를 다루고자 한다.

소제목에서 눈치챘듯이 이번 주제는 외모에 관한 것이다. 생김새에 관해 이야기하려는 것이 아니다. 눈코입의 모양 자체보다 당신이 즐기는 머리 모양이나 갖추어 입는 의상에 관한 이야기다.

스타일링이 가미된 외모는 동영상의 섬네일 같은 역할을 하기도 한다. 동영상 섬네일은 영상을 대표하는 미리 보기 이미지이다. 섬네일은 무수히 많은 영상 속에서 궁금함을 일으켜 주목하게 만드는 역할을 한다. 사람의 외모 또한 마찬가지이다. 감각이 돋보이는 스타일링을 갖춘 사람은 더 눈길을 끌 수밖에 없다. 파티나 중요한 모임에 '드레스 코드'가 있는 이유도 통일된 의상으로 모임의 분위기를 대신하거나 소속감을 부각하려는 의도가 있기 때문이다. 이렇듯 스타일링은 보는 사람의 주관적인 평가에도 영향을 준다.

우리는 무의식적으로 다른 이의 인상과 분위기를 보고 어떤 사람인지를 일차적으로 상상한다. **외모가 중요한 이유는, 처음 보는 사람의 외적인 분위기를 보고 내면을 예측하기 때문이다.**

깔끔하고 각 잡힌 옷을 입은 사람은, 왠지 사무적이며 꼼꼼한 인상을 준다. 부드러운 원단을 사용한 따뜻한 색감의 옷은 유순하고 융통성 있는 사람으로 보이게 하는 효과가 있다. 그러므로 어떤 **목적의 만남인지에 따라 다른 스타일링을 해줄 필요가 있는 것이다.**

스타일링에 포함되는 대표적인 요소들을 조금 정리해보고자 한다. 이미 스타일링에 대한 감각이 있거나 충분히 갖춰입을 줄 아는 사람이라면, 다음 내용은 그냥 넘어가도 좋다.

첫 번째는, 색감과 톤으로 표현해낼 수 있는 느낌이다.

회색이나 검은색 등의 무채색은 단정하고 절제된 느낌을 주어 이성적인 사람으로 보일 수 있다. 그 외의 다양한 색감들도 느껴지는 분위기가 천차만별이다.

예를 들어, 파란색은 신뢰감에 영향을 주는 색으로 비즈니스 컬러로 불린다. 그와 반대로 붉은색은 활력이 넘치고 강

렬한 인상을 주기 때문에, 포인트가 되는 패션 아이템에 많이 사용된다. 신발이나 모자 등에 붉은색을 사용하면 무거운 분위기를 쾌활하게 바꿀 수도 있다. 또한, 파스텔 색조의 밝고 가벼운 색감은 온화하면서도 활기찬 분위기로 멋을 내준다. 그와 반대로 무겁고 짙은 톤의 옷을 입으면 진중하고 차분해 보이는 느낌을 주기도 한다.

두 번째는, 옷 형태에 따른 분위기이다.

쉬운 예로 후드티는 편하고 자유로운 느낌을 주며, 넥타이를 맨 셔츠 차림은 격식 있고 절제된 느낌을 준다. 그 외에도 코트나 재킷, 카디건을 입느냐에 따라서 분위기가 많이 좌우된다.

세 번째는, 옷의 질감으로 느껴지는 분위기이다.

벨벳이나 비단 같이 광택이 있는 옷은 고급스러운 사람으로 보이도록 도와준다. 반면에 니트류와 같이 따스하고 느슨해 보이는 원단은 포근한 인상으로 보이게끔 해준다. 청바지나 청재킷에 사용되는 두껍고 격식 없는 데님 원단은 사람을 좀 더 편하고 활기차 보이게끔 한다.

앞의 세 가지 항목은 겉모습 스타일링에 있어 큰 영향을 주는 요소들이다.

아일랜드 출신 작가 오스카 와일드는 이렇게 말했다.
"외모는 천재성보다 낫다. 그건 설명이 필요 없기 때문이다."

감성, 소통, 체험

요즈음 유난히 '팝업 스토어'가 많아졌다. 팝업 스토어란 짧은 시간 동안 운영되는 오프라인 형식의 소매점이다. 브랜드 이미지로 인테리어를 하고 제품과 서비스를 현장에서 접할 수 있도록 진열하는 게 특징이다. 그 안에서 소비자들과 직접 소통하면서 신제품을 사용해 볼 기회를 제공하는 것이다. 요즘은 화장품이나 패션 전문 업체 등 팝업 형태로 이벤트를 하는 브랜드가 종종 보인다. 이렇듯, '감성'과 '소통' 그리고 '개인적 체험'을 모두 만족시키는 팝업 스토어가 요즘의 마케팅 트렌드로 자리 잡았다.

이러한 팝업 효과로 누릴 수 있는 건 무엇일까?

직접적인 **체험 없이** 일단 새로운 것에 도전하는 소비자층을 A라고 해보자. 이 A의 반응과 **리뷰에 따라 뒤늦게 구매를 결정하는** 소비자층을 B라고 하자.

즉, A단계 소비자들이 먼저 해당 브랜드의 제품이나 서비스를 사용하고 후기를 통해 알려줘야만, B단계 소비자들이 지갑을 열 확률이 생기는 것이다. 이때 A의 규모는 한정되어 있다.

여기서 우리는 **B 고객층의 심리**를 살펴볼 필요가 있다. 그들은 **'검증된' 리뷰를 통해 실제 효과가 어떤지, 내 상황과 잘 맞는지 확인하고 싶어 한다. 팝업 스토어에서의 경험은** 그들의 소비 조건을 만족시킨다. 이로써 **B 고객층을 A 고객층과 같은 단계에서 소비하도록** 유도하는 효과가 생긴다. 또한, A 고객층은 온라인에 자신들의 체험을 공유함으로써 다른 고객층에게 어필할 수 있는 정보들을 전파한다.

온라인으로만 소비자에게 다가가는 소극적인 방법이 아니라, 제품을 체험시키고 소비자들과 직접 소통함으로써 A 고객층의 긍정적인 입소문은 더 빨리 퍼질 것이고, B 고객층은 저절로 늘어날 것이다. 이렇듯 팝업 스토어는 두 고객층을 동시에 사로잡을 수 있는 근사한 전략이다. 이런 마케팅 효과를 보는 브랜드가 늘어나면서 팝업 스토어를 여는 브랜드가 증가하고 있다.

일찍이 서점가에서도 이런 마케팅이 시작되었다. 바로 책의 저자와 독자의 만남이 이루어지는 북콘서트다. 강의보다는 소통이라는 키워드를 사용해 친근함으로 독자를 만나는 전략이다. 저자와의 활발한 소통은, 곧 책과 독서에 관련된 체험이 되기 때문이다.

특정 소비자층에게 어필하고 싶다면, 그들이 선호하는 '감성'과 '소통' 그리고 '체험'이라는 세 가지 키워드를 기억하길 바란다.

MZ세대에게

요즘 가장 주목받는 세대를 꼽으라고 하면, MZ세대를 떠올릴 것이다. 그만큼 이 세대와 관련된 콘텐츠가 넘쳐난다. 또한, 그들을 이해하고 그들의 취향에 맞추기 위해 많은 이들이 관심을 둔다. 시장과 기업도 이들의 입맛에 주목하고 있다. 왜냐하면, 주된 소비 활동의 주체가 MZ세대로 이동했기 때문이다. 'MZ세대 문화 체험하기' 같은 사내 활동이 있을 정도로 기업들은 'MZ세대 이해하기'에 많은 투자를 하고 있다.

MZ세대와 관련한 최근의 사회적 현상을 살펴보자.

전자기기와 디지털 문화에 익숙한 이 세대는, 아날로그 문화를 낭만적이라는 호기심으로 바라보는 경향이 있다. 종이책 읽기, 전자기기의 자극에서 벗어난 명상 활동이나 요가, 즉석 인화 카메라, 뉴트로(newtro) 패션 등이 유행한 것도 그 영향으로 생긴 문화적 흐름이다.

특히 Z세대는 '디지털 네이티브'라는 표현이 나올 정도로 어릴 때부터 디지털 문화에 노출되어왔다. 많은 이들이 이 세대의 문해력 저하를 걱정하는 가운데, 종이책 읽고 SNS에 인증하기, 독서 클럽 등이 생기는 특이한 현상이 일어나기도 했다.

SNS의 발달로 전 세계가 소통하는 미디어 장이 커지면서 자기표현을 즐기는 MZ세대들이 영어 공부에 많은 관심을 두고 있다. 이들은 디지털 세대인 만큼 모바일을 통한 영어 공부 애플리케이션을 많이 활용한다. 이런 흐름 속에서 영어 공부용 모바일 앱 또한 많이 나와 있다.

이런 MZ세대의 가장 중요한 특징 중 하나는, 자신을 희생하면서까지 무언가를 이루려고 인내하지 않는다는 것이다. 그들은 관료주의나 수직적인 문화에도 저항심을 가지고 있다. 이들이 창업한 회사들을 보아도 알 수 있다. 그들은 직급이 아닌 사내 호칭을 따로 정해 부르기도 한다. 또한, 이전 세대와 달리 자신이 속한 집단의 눈치를 덜 보는 편이다. 따라서 부당해 보이는 것에는 자신의 소신을 당당히 밝힌다.

MZ세대는 어떻게 기존의 사회에 적응해 나가야 할까?

비교적 젊은 M세대와 Z세대에서 뚜렷이 나타나는 특징이 있다. 자신이 속한 직장에서 권리가 침해받는다고 느낄 때,

그 집단에 속하기를 거부한다는 점이다. 그들의 업무 태도 중 하나는 자신의 업무가 아니거나 경력에 도움이 되지 않는 업무를 지시받을 때, 강한 거부감을 느낀다는 점이다.

예를 들어, 이런 일화를 들은 적이 있다. 미용실의 막내로 들어온 MZ세대 직원에게 미용실 바닥의 머리카락을 치우라고 했더니, 기술은 안 가르쳐주고 청소만 시킨다며 퇴사했다는 것이다. 바닥을 쓸라는 지시에 거부감을 느낄 수도 있다. 왜냐하면, 자신의 업무에서 벗어나는 일을 하는 것 자체가 부당하다고 여기기 때문이다. 하지만 집단에 속해 사회생활을 하다 보면, 자신의 업무가 아닌 일을 해야 할 때도 있다는 것을 이해해야 한다.

아무리 뛰어난 리더도 업무 지시를 완벽하게 분담시킬 수는 없을 것이다. 어떤 일에서든 변수가 있고, 예외도 있기 때문이다. MZ세대의 친구들은, **그 변수의 업무를 하는 것 또한 집단의 구성원으로서 수행해야 하는 부분임을 받아들여야 할 필요가 있다.**

MZ세대의 사회 적응에 있어 가장 먼저 인지해야 할 것은 '나'가 중요한 만큼 다른 '나'도 중요하다는 공동체 의식이다.

그렇다면 기성세대의 관점에서는 MZ세대에게 어떤 대우

를 해주는 것이 가장 적합한 방식일까? 신기하게도, **MZ들은 수직적인 명령형 소통이 아니라** '이러저러한 이유로 이 일을 MZ 씨가 해주면 우리에게 이런 도움이 될 거 같아요.'라는 **요청을 들을 때 거부감을 느끼지 않는다**고 한다. 그들은 일하기 싫어하는 것이 아니라, 좀 더 가치 있는 일을 통해 자기계발을 하고 싶은 것이다. **수평적인 관점**으로 직원 개개인의 특성에 대한 **존중을 보여준다면 MZ세대의 마음은 활짝 열릴 것이다.**

참는 것은 이해가 아니다

우리 몸에는 화를 내면 분비되는 '코르티솔'이라는 호르몬이 있다. 그것이 과다하게 분비되면 행복 호르몬인 세로토닌을 억제하면서 신체의 메커니즘에 악영향을 미친다. 그만큼 '분노'라는 감정은 우리에게 절대적으로 해롭다.

다행히도, 우리에게는 근본적으로 화를 다스릴 수 있는 간단한 방법이 있다. 확실하게 기분이 풀리면서 당신의 마음을 다스리고 당신의 평판을 바꿀 수도 있는 쉬운 방법이다.

그건 바로 **상대의 말이나 행동을 보고 분노하는 것이 아니라, 그런 언행을 낳은 '그들의 관점'에 대한 이해를 하는 것이**다. 그렇게 되면 불같이 올라오던 화가 조금씩 사그라지면서, 동시에 마음이 너그러운 상태로 변하는 것을 느낀다.

사실 우리는 이 명확하고 단순한 해결책에 대해 이미 알고 있다. 하지만 정작 불쾌한 언행을 듣는 순간, 어쩔 수 없이 일차적인 분노를 느낀다. 그리고 그 분노가 우리 몸에 일으

킨 악영향의 지배를 받기 때문에 쉽게 상대에게 너그러울 수 없게 되는 것이다.

부당함에 일차적 분노를 느끼는 것은 자연스러운 반응이다. 감정을 가진 사람이라면 누구나 그럴 것이다. 아마 우리가 알고 있는 현자들도 그럴 것이다. 하지만 그 분노에 대해 '어떻게' 반응하는지에 따라 현자가 되기도 하고 언쟁하는 자가 되기도 한다.

'이해하는 것으로 화를 푸는 방법'의 중요 포인트는 상대의 관점이 되어 보는 것이다. 그런 다음에 '이해'하는 것이다. 단순히 '그래, 너의 말이 맞지는 않지만, 이해는 하니까 참아줄게.'와는 완전히 다른 일이다. 참는 것은 이해가 아니다. 그런 방식으로 자신의 화를 다스리는 것은 화산 안에 끓고 있는 용암과 다를 게 없다. 언젠가는 폭발하게 되어있다.

'진짜 이해를 통해 화를 누그러뜨리는 방법'은 가치관이 다른 사람과의 관계에서 매우 중요한 개념이다. 특히 가까운 가족이나 직장 동료 혹은 매일 보는 이웃과의 관계가 그렇다. 과일도 서로 맞닿은 부위에서부터 곪는 것처럼 말이다. 그러니 일차적으로 분노가 올라오면, 일단 거리를 두고 그 상황을 바라보아야 한다. **한 발짝 물러나서 바라보면, 상황 전체가 객관적으로 보일 수 있다.**

객관적으로 바라보기가 핵심인데, 그 이유는 이렇다. 상대와의 언쟁에 있어 대부분의 분노는 이 생각에서 나온다. "너는 틀리고, 내가 옳다." 그러므로 **화를 가라앉히는 1단계로 '내 생각이, 틀릴 수도 있다.'라는 객관적 인지가 절대적으로 필요하다.**

인정받고 싶으면 인정하라

나의 의견이 반대에 부딪히면, 우리는 본능적으로 내 의견의 타당성을 먼저 떠올린다. '이건 이래서 좋은 건데, 왜 아니라고 하지?'라는 생각이 떠오르기 마련이다.

우리는 자신과 비슷한 의견이나 세계관을 가진 사람에게 더 열린 마음으로 대한다. 당신이 A가 옳다는 의견을 낼 때, 'A보다 B가 더 좋다.'라고 말하는 사람보다는 '내가 보기에도 A가 옳다.'라고 말하는 사람에게 더 관심이 가고 마음이 열린다는 것이다. 역설적이지만, 바로 이 점을 이용하여 당신의 의견을 관철하는 상황을 만들 수 있다.

상대는 A가 옳다고 주장하는 상황에서 당신은 B가 더 옳다고 생각할 때, 처음부터 그것을 티 내지 말아야 한다. 왜 상대는 A가 더 옳다고 생각하는지를 완전히 파악하기 위한 시간을 먼저 가져라. 역지사지가 되어 보는 것이다.

내 마음을 비우고, 완전히 **상대의 관점이 되어 A가 어떻**

게 옳은지를 생각하고 정리해보자. 그리고 "제가 보기에도 A는 이러저러한 점이 좋은 부분인 것 같습니다."라는 의미로 대화의 첫 운을 떼라. 바로 이 부분에서 상대는 당신에게 마음을 열고 집중하기 시작한다. 이때 **A의 장점으로 충분한 대화를 나누면서, B의 장점도 슬쩍 던져보는 것이다.** 당신이 B가 더 좋다고 여겼던 만큼, 실제로 A보다 B가 더 나은 부분이 분명히 있을 것이다. 이미 상대는 당신에게 마음을 열었기 때문에 더 수월하게 상대의 이해를 얻을 수 있다.

이렇게 서로에게 열린 마음으로 대화를 나누다 보면 자연스럽게 B의 좋은 부분이 드러날 것이다. 그러면 대화의 다음 단계는 자연스럽게 **A와 B의 절충안에 대한 단계로 이어질 수 있다.** 이때부터 당신의 의견은 충분히 상대의 마음에 날카롭게 파고들 것이다. 혹은 상대의 의견을 충분히 존중하는 **소통을 통해서 A도 B도 아닌, 훨씬 좋은 C라는 대안이 나올 수도 있다.** 이런 상황은 상대와의 충분한 소통에서 나온 결론이므로 모두에게 거부감 없는 좋은 의견이라는 평가를 얻을 확률이 높다.

기억하라. **상대의 관점에서 바라보아야.** 상대가 왜 그 의견을 주장하는지 이해할 수 있다는 것을. 그 이해가 **진정한 소통으로 이어지는 지름길이라는 것을!**

가치 높이기

제3장

특별하게 보이는 방법

제3장에서는 자기 자신이나 브랜드의 가치를 높이기 위한
몇 가지 전략을 소개하고 있다.

이미지 누적 효과를 노려라

요즘은 기업뿐 아니라 개인에게도 이미지 브랜딩이 중요한 시대이다.

브랜딩은 상품의 이미지와 가치를 돋보이게 한다. 게다가 브랜딩이 잘 된 탄탄한 브랜드는 충성 고객들 또한 많이 확보하고 있다.

MZ세대에서 유행하는 고가 브랜드의 복제품인 '듀프 제품* 소비 현상도 브랜딩의 영향을 받았다. 듀프 소비 현상은 브랜딩이 잘 된 제품의 인지도를 이용한 현상이다. 만약 이 듀프 제품의 모티브가 된 브랜드의 가치가 낮았다면, 그 상품의 이미지를 빌리지 않았을 것이다. 이렇듯 브랜딩은 사람들의 소비 활동에 강한 영향력을 가졌다.

제대로 브랜딩을 하고자 한다면, 우선 하나의 이미지를 확

---

* 럭셔리 브랜드의 상표권을 침해하지 않은 제품으로, 비슷한 품질의 저렴한 대체품 이라는 의미로 쓰인다.

실히 정해야 한다. 그리고 그 이미지에 맞는 전략에만 집중하는 것이 매우 중요하다. 그렇게 해야만 브랜딩의 누적 효과를 볼 수 있기 때문이다.

극적인 예로, 짙은 주황색을 시그니처 컬러로 한 명품 업체 H사의 경우에는 마케팅 부서가 따로 없다. 불경기 속에서 꾸준히 매출 성장을 보여준 H사에 대해 살펴보면서 브랜딩의 가치에 대해 다뤄보자.

H사는 어떻게 해서 명품 중의 명품이 되었을까?

'H사'라고 하면, '희소성'을 먼저 떠올릴 것이다. 이것이 그들의 전략이다. 하지만 희소성만 갖고 있었다면, 그건 오래 팔리지 못했을 것이다.

브랜드의 가치가 높아 보이려면, 그 제품의 희소성도 가치 있게 느껴져야만 한다. 그래야 구매 욕구도 함께 높아진다. 즉, 어떤 브랜드의 희소성이 가치 있게 느껴지려면, 그 브랜드 자체가 가치 있는 이미지여야 하는 것이다. H사는 두 가지 전략을 활용했다.

1. 신비주의

H사는 타 브랜드와는 달리 연예인 홍보 대사나 협찬을 하

지 않는다. 또한, 인터뷰조차 거의 하지 않고 판매, 유통, 제작을 모두 직접 담당한다. 의도된 것인지는 알 수 없으나, 신비주의 전략이 제대로 먹힌 사례다. 그리고 이 신비주의 전략을 통해 대중들로부터 'H사는 고귀한 브랜드'라는 이미지를 얻고 있다.

2. 장인 정신

H사는 제품의 완성도를 위해 특정 제품들을 장인 한 명이 처음부터 끝까지 제작한다. 타 업체처럼 외주하거나 분업하지 않는다. 이 과정에는 해당 제품을 만든 장인의 고유번호가 들어가고, 평생 A/S 서비스를 제공한다.

이런 사실이 H사를 명품 중의 명품, 높은 질의 하이엔드 제품으로 인지하도록 만들었다.

이러한 H사의 브랜딩에 부가적으로 나타난 흥미로운 현상이 있다. 우리는 H사의 켈ㅇ백이나 버ㅇ백을 **구매하는 행위 '자체'를 가치 있다고 생각한다. 왜냐하면, 그 행동**(구매)**은 아무나 할 수 없기 때문이다.**

H사의 경우, 켈ㅇ백과 버ㅇ백은 1년에 최대 2개만 구매할 수 있다. 그 백을 구매하려면 그 전에, 스카프나 벨트 등 다

른 상품을 일정 금액 이상 구매해야 한다.

이 전략으로 **백을 구매하는 행위 자체를 아무나 할 수 없다는 인식이 부여되었고, 소비자들은 그 행위 자체를 열망하게 된 것이다.**

이미지 브랜딩의 누적 효과를 내려면 꾸준히 한 콘셉트에 맞는 전략을 고수해야 한다. 이외에도 꾸준히 브랜딩이 잘된 참고할 만한 브랜드는 애플, 나이키 등이 있다.

틈새 마케팅 2가지

1. 첫 번째

우리는 요즘 릴스와 쇼츠, 틱톡 등 짧고 다양한 콘텐츠에 길들여져 있다. 광고의 형태도 거기에 맞게 짧아져야 한다. 넘쳐나는 제품 홍보전에서 대중의 눈에 각인되어야 살아남는다. 이러한 흐름에 맞는 전략에 대해 짧게 설명해보고자 한다.

제품의 특징과 그 우수성에 대해 어필하는 광고들은 매우 많다. 광고를 생각하면 떠오르는 전형적인 방식 중 하나이다. 하지만 **대중은** 그 제품의 우수성과 특징에 대한 설명을 들어줄 **인내심이 부족하다.** 그래서 우리는 짧은 시간 내에 소비자를 현혹해야 한다. 소비자를 현혹하려면 '본질적인 관점'으로 바라보는 자세가 필요하다.

소비자가 궁극적으로 원하는 것은 상품이나 서비스가 주는 **'효과와 가치'**이지, 그 상품이나 서비스의 **'특징'이 아니다.**

따라서 제품의 특징이나 우수성만을 설명한다면, 고객들은 자극받지 못하고 그 광고를 무시하게 될 것이다.

우리가 짧은 노트북 광고를 만든다고 생각해보자.

광고의 첫 부분은, 소비자들이 원하는 자극을 줄 수 있어야 할 것이다. 전하고자 하는 노트북의 특징이 아래와 같을 경우, 어떤 내용이 소비자에게 '자극'으로 느껴질지 생각해보자.

- 다양한 기능이 지원되는 노트북을 통한 작업 효율화로 인한 '효과'
- 노트북의 가벼움으로 인한 휴대성이 주는 '효과'

이때, 우리는 헷갈릴 수 있다. 앞의 문장을 보았을 때, 우리는 노트북의 효율성과 휴대성을 떠올리게 된다. 하지만 이것은 노트북의 특징과 우수성일 뿐이다. 우리는 여기에서 더 나아가야 한다. **노트북의 효율성과 휴대성으로 인해 '창출되는 가치'를 먼저 보여주어야 한다.**

다양한 기능으로 인해 빠르게 작업하여 효율적으로 일한 다음 자유롭게 남은 시간을 보내는 모습을 보여주거나, 가벼움이 주는 휴대성으로 언제 어디서든 편하게 꺼내 작업하는 모습을 첫 이미지로 보여주는 것이다. 이때 **소비자는 무의식**

적으로 그 노트북을 사용할 때 얻게 될 '가치와 효과'를 좀 더 피부로 느끼게 된다.

앞에서 말한 문장을 다시 반복하자면, 우리가 궁극적으로 원하는 것은 어떤 상품이나 서비스가 주는 '효과와 가치'이지, 그 상품의 특징이나 우수성이 아니다.

이를 이해했다면, 짧은 시간 안에 소비자를 자극하는 광고를 만들 수 있을 것이다.

2. 두 번째

우리는 초개인화 시대를 살고 있다. 다양한 제품과 서비스가 넘쳐나고 사람들의 취향은 다각화되고 더 뚜렷해졌다. 그래서 앞에서 말한 방법과 함께 실행되어야 하는 것이 '플랫폼의 선택'이다. 내가 '제공하는 제품이나 서비스의 성향에 맞는' 이용자들이 있는 플랫폼에 광고하는 것이다.

쉬운 예를 들어, 몇만 원대의 생필품을 판매하고자 할 때 명품을 주로 판매하는 사이트에 올린다면 어떤 일이 생기겠는가? 해당 플랫폼 사이트에 방문한 사람들은 명품을 구매하려고 들어왔기 때문에 몇만 원대의 생필품에는 눈길도 주지 않을 것이다. 그 반대의 상황에서도 마찬가지이다. 몇백만 원대의 명품을 저렴한 생활용품 위주인 플랫폼에서 판매

한다면, 아무도 그 상품을 사지 않을 것이다. 아마도 명품 판매의 특성상, 위조품이라는 오해를 받기도 할 것이다.

소비자의 취향을 고려한 플랫폼에 광고하는 것만큼이나 중요한 부분이 하나 더 있다.

단순히 이용자의 취향을 고려할 것이 아니라 **'내가 팔고자 하는 상품을 그럴듯하게 바라봐줄 이용자들이 있는 플랫폼'에 광고하는 것**이다.

사례를 하나 들어보자. 동양화가 그려진 털 이불이 한동안 외국인 구매 사이트에서 뜨거운 인기를 끈 적이 있었다. 이 털 이불은 한국 사람들이 보기에는 겨울에 할머니 방에 깔려 있을 만한 친근한 디자인이지만, 외국인들이 보았을 때는 멋진 동양화가 그려진 따뜻한 이불인 것이다. 그 이불은 해외 플랫폼에서 꽤 비싸게 팔렸다. 이렇듯 플랫폼의 특성을 잘 파악하면, 물건이나 서비스를 전략적으로 어필해 높은 수익을 기대할 수가 있다.

대중은 인내심이 부족하다. 그들이 원하는 자극을 바로 보여주어라. 그리고 당신의 상품이나 서비스를 특별하게 바라봐줄 잠재 고객의 특성을 연구해보라.

백세시대, 적성 찾기

나는 학생 시절, 단순한 시야에 갇혀 있었다. 중고등 시절에는 이름 정도는 들어본 대학에 입학하는 것이 최종 목표였다. 어떤 전공을 선택할지, 담당 교수의 강의 질과 그들이 주로 어떤 분야에 능통한지를 알아보는 학생이 그때 과연 몇 명이나 있었을까?

막상 대학에 들어가니, 내 적성에 맞는 공부를 선택하는 것이 대학의 이름보다 훨씬 중요한 것임을 깨닫는 데에는 많은 시간이 걸리지 않았다. 외부의 시선을 의식하느라 내 발등을 찍은 셈이었다.

이제는 **기술의 발달과 함께 정보에 대한 격차는 오히려 줄어들고 있다.** 온라인을 통해 명문대학 강의를 무료로 들을 수 있고, 유튜브에도 학습 자료가 넘쳐난다. 이러한 현상들로 인해 **대학의 네임 밸류는 점점 더 그 빛을 잃어갈 것이다.**

사회생활을 하는 동기들을 만나보면, 적성과 다른 길을 선택해 힘든 직장생활을 견디고 있었다. 그러다 결국에는 자신이 꿈꾸던 길을 찾아 출발점으로 되돌아가는 경우도 보았다.

우리의 뇌는 무언가를 즐겁게 행할 때, 매우 활발해진다. 백세시대가 된 지금은, 즐길 수 있는 일을 찾는 사람이 미래의 승자가 될 수 있다. 그렇다면 나에게 맞는 적성은 어떻게 찾아볼 수 있을까?

적성에 대한 고민은 다음 요소들을 고려해야 한다.

1. 선천적으로 타고난 재능은?
2. 자주 쓰는 사고방식은?
3. 추구하는 가치와 흥미는?
4. 싫어하는 활동이나 못 하는 것은?

아무런 경험 없이 앞의 질문에 대답하기는 어렵다. 다양한 경험이 쌓여야 답할 수 있는 데이터가 생긴다. 중요한 것은 **어떤 경험을 하든지 간에, 그 경험에 열린 마음으로 참여하여 경험이 주는 장점을 찾아내는 것**이다. 그래야만 내게 잘 맞고 좋아하는 경험을 최대한 찾아낼 수 있다. 그런 뒤에는 골라낸 경험들이 갖는 공통적인 특성을 찾아내어 그 특성을 가진 직업을 찾으면 된다.

　직업군은 찾기 쉬워도, 그 직업이 실질적으로 무슨 일을 하는지 직무를 알아내기는 쉽지 않다. 이와 관련하여 간단한 팁을 제시하면, 다음과 같이 분류할 수 있다.

　일단 경험에서 찾아낸 공통적인 특성이 필요한 분야를 정리한다.

1. 각 분야에서 자주 사용하는 구인구직 플랫폼을 조사한다.
2. 그 분야의 전문가들이 이용하는 포럼 및 커뮤니티를 찾아본다.
   (현업자들이 남긴 댓글을 참고하면, 현장을 이해하기 쉽다.)
3. 각 분야의 전문가들이 집필한 도서를 읽는다.
4. 그 분야에서 다루는 기술이나 내용을 정리한 교재 혹은 자기계발서를 살펴본다. (그 분야에서 다뤄지는 지식이 어떤 특성을 가졌는지 파악하기 좋다.)

　앞의 과정을 통해 직무를 골라냈다면, 마지막으로는 하기 싫거나 못 하는 직무가 섞여 있는지 점검해야 한다. 내가 좋아하지 않거나 썩 잘하지 못 하는 직무를 선택하면 업무 효율성이 떨어진다. 이는 또다시 적성에 대한 고민을 불러온다.

이제는 노년에도 사회 활동이 가능한 시대다. 20대~40대에는 찾아낸 적성과 맞는 일을 하고, 이를 통해 개발된 능력을 바탕으로 은퇴 후의 적합한 일을 찾아볼 수 있다. 다시 거기에서 개발되는 능력에 따라 노년까지 할 수 있는 직무를 찾아 나가도 좋을 것이다.

한번 찾은 적성을 고집하기보다는 위에 제시한 방법들을 고려하여 **끊임없이 자신에 대해 파악해 가는 과정을 가지는 게 바람직하다.**

당신은, 어딘가에 도전하고 경험하기에 아직 늦지 않았다. 그러니 용기를 내라.

지금 당장, 값진 경험을 찾아 움직여라.

젊어지기

나이가 들면 유행에 뒤처지고 감각은 둔해진다. 게다가 자신의 관점으로 주변을 재단하려 든다. 대체로 그러는 이유가 뭘까?

그 이유를 크게 세 가지로 짐작해 볼 수 있다.

첫 번째 이유는, 사고방식에 있다. 사고의 유연함이 사라지면서 새로운 것을 받아들이는 감각 또한 둔해진 것이다.

두 번째 이유는, 경험에 대한 자극이 점점 사라지는 것이다. 일상의 동선이 점점 단조로워지면서 새로운 정보에 노출될 수 있는 환경을 형성하는 것이 어려워진다.

세 번째 이유는, 자신이 젊은 시절에 높이 평가했던 옛정서나 트렌드에 아직도 갇혀 있기 때문이다. 그 시대의 유행에 머물러 있으면, 새로운 트렌드의 매력을 해석하거나 이해하는 것에 방해를 받는다.

이렇게 지난 시대의 감각이 몸과 마음에 깊이 배어있는 당신은 어떻게 그곳에서 탈출할 수 있을까? 효과적인 해결책을 한 가지씩 정리해보자.

사고방식이 굳어지는 것을 고칠 수 있는 가장 간단한 방법은, **당신의 의견과 반대되는 논리를 열린 마음으로 분석해보는 것이다.** 이 과정에서, 당신은 그 논리를 **이해하기 위해 평소와 다른 관점으로 생각**해보게 된다.

여행을 자주 하고 다양한 사람들을 만나라. 여행은 우리의 사고에 매우 신선한 활력을 불어넣는다. 새로운 환경에 적응하기 위해 우리의 뇌는 다른 관점으로 주변을 탐색하게 되고, 낯선 이들과 소통하기 위해 일상의 벽을 걷어내게 된다. 그렇게 온갖 변수가 등장할 것이며, 우리의 뇌는 그 **변수를 해결하고자 정신의 눈을 반짝 뜨게 될 것이다.**

음악이나 패션 등 문화의 **유행이 이루어지는 과정을 들여다보면, 반복적으로 우리의 감각이 자극당할 때 유행이 일어난다.** 우리의 오감에 반복적으로 자극이 들어오면, 어느새 그 세계에 속해있는 것을 발견하게 된다.

만약 당신이 **요즘 세대의 감각을 배우고 싶다면, 그들의 트렌드에 자신을 반복적으로 노출시켜 보라.** 그들이 자주 가는 카페에 들르고, 즐겨듣는 음악을 감상하고, 그들의 패션 스타일을 모방해보자. 그러다 보면 어느새 그들의 정서와 교감하고 있을 것이다.

닫힌 시야와 마음을 연다는 건 어려운 일이다. 그러나 한 번 시도해 볼 가치가 충분하다. 열린 마음은, 일상의 놓친 부분을 발견할 수 있는 눈을 뜨게 해준다. 그 눈은 다른 사고의 흐름을 눈여겨보게 만들고, 그 흐름을 통해 새로운 즐거움이 따라 들어오게 된다.

스펙트럼 넓히기

데이터와 정보가 넘쳐나는 시대다. 원하는 정보에 접근하기가 점점 쉬워지고 있다. 검색 엔진, 생성형 인공지능, 온라인 무료 강의 등등. 정보를 얻고, 자신의 기억에 쌓아두는 것이 간단해져서 지식 자체에 대한 난이도와 가치는 낮아지는 추세다. 그렇다면 어떤 가치가 더 커질 것인가?

정보와 데이터를 조합하여 새로운 인사이트를 찾아내는 능력이 필요하다. 이때 주의할 점은 원하는 정보를 찾는 데에만 너무 집중하면 안 된다는 것이다. 정보를 접하는 시야를 좁히기 때문이다. 그렇게 되면 중요한 정보로 작용할 '주변 지식'을 무시하게 되고, 처음 생각한 영역에서만 정보를 얻으려고 혈안이 된다. 개념의 전체적인 모습을 못 보고 일부만을 보면 새로운 인사이트를 얻어내기 힘들다.

유연하게 마음을 열어 둔 상태에서, 조금 더 시간을 들여 주변 지식을 함께 받아들여야 구체적인 전체 윤곽을 잡을 수 있다.

미래 준비

제4장

인공지능 시대, 우리가 알면 좋을 것들

제4장에서는 인공지능이 우리에게 미치는 영향에 대해
폭넓게 다루었다.

독서와 챗-GPT의 시너지

요즘 정말 핫한 챗-GPT.

챗-GPT에 대해 주의할 점은, 질문이 예리하지 못하면 검증된 정보를 얻기 힘들다는 것이다. 잘못된 정보로 질문을 하면, 그 잘못된 정보를 바탕으로 한 답을 받을 수 있다.

만약 전문가에게 잘못된 정보로 질문을 한다면, 그는 잘못 알고 있는 부분을 짚어주고 지금 상황에 필요한 정보까지 모두 알려줄 것이다. 그러나 챗-GPT는 사람이 아니다. 사용자가 잘못 알고 있는 부분까지 파악해서 앞뒤 맥락을 정리해주지는 못한다. 그래서 우리는 **책을 통해 검증된 정보를 얻을 필요가 있다.** 전문가의 역할을 책이 대신해주는 것이다.

책에는 체계적으로 정한 목차에 맞는 내용이 담겨 있어, 관련 정보를 한눈에 볼 수 있다. 이런 구성을 따라 독서를 하면 외부의 잘못된 정보를 접할 기회가 줄어든다.

챗-GPT만 활용하는 것보다는 책과 병행하는 것이 공부에 도움이 된다. 하지만 효율적인 탐색이 필요할 때는 챗-GPT의 기술이 유용하다. 챗-GPT에게 질문을 하면, 흩어져 있는 정보를 조합하고 정리해서 알려준다. 모르는 개념에 대한 정보가 필요할 때는 우선 챗-GPT의 답변으로 전체적인 윤곽을 얻는 것도 좋다. 그런 뒤에 전문 서적으로 공부하면, 앞에서 받은 정보를 검증하면서 자세한 이해를 얻을 수 있다. 혹은 그 반대 순서로 할 수도 있다. **전문 서적을 먼저 훑다가** 이해가 안 가는 부분에 대해 **챗-GPT에게 전문 용어를 사용해 자세한 질문을 던지는 것이다.** 이렇게 하면 사전 지식 없는 초보적인 질문을 할 때보다는 양질의 질문을 할 수 있게 된다. 그러면 **챗-GPT로부터 더 전문적인 답변을 받을 수 있게 된다.**

검색 엔진과 인공지능 기술이 발달하더라도 독서를 통해 얻는 장점을 대체하기는 쉽지 않을 것이다. 체계적으로 정리된 전문지식으로 통찰력을 키울 수 있는 가장 좋은 방법이 독서이기 때문이다. 따라서 챗-GPT와 전문 서적을 적절히 활용할 줄 알아야 한다.

AI가 낮춘 문턱

인공지능은 다양한 분야에서 활용되고 있다. 코딩, 수리 분야, 제약 및 제조 시뮬레이션, 주식 거래 등에서 이미 눈부신 활약을 하고 있다. **덕분에 기술이 필요한 분야로의 진출에도 문턱이 낮아질 전망이다.** 프로그래밍 언어를 잘 몰라도 인공지능이 코딩을 해주는 시대에 살고 있으므로, 이미 코딩 실력을 갖춘 사람과의 격차를 조금은 해소할 수 있게 된 것이다.

이러한 현상과 관련해 몇 가지 예를 살펴보자.

인공지능은 이제 전자칩 설계를 보조하는 단계까지 발전했다. 전자칩 설계 과정 중 회로 블록(매크로 블록)을 배치하는 단계에서 인공지능을 이용한 예가 있었다. 이 연구는 네이처 저널에 실렸는데, 「A graph placement methodology for fast chip design」이라는 제목의 논문이다.

다음 그림은 네이처 저널에서 제공된 이미지를 참고하여 내가 직관적으로 표현한 그림이다. 왼쪽 a는 사람이 설계한

배치이고, 오른쪽 b는 인공지능이 설계한 것이다. 단순한 형태로 배치한 사람의 디자인과 달리 인공지능은 구역을 자유로이 오가는 유연한 배치 패턴을 보여준다. 게다가 사람이 설계한 것보다 더 효율적이라는 결과가 나왔다.

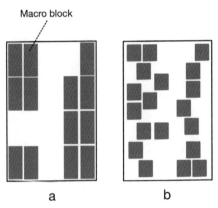

참고 : <네이처(Nature)>, 「A graph placement methodology for fast chip design」

　이처럼 인공지능의 도움을 받는 분야는 기술 수준 차이가 점점 줄어들 것이다. 즉, 기술 격차가 해소되면서 인공지능을 이용한 상품이나 서비스를 재구성할 수 있게 된다. 그러면 대기업의 대량 생산 구조에서 벗어나, 개인화 사회에 맞춘 다양한 제품과 서비스가 등장할 것이다.

인공지능 VS 전문인력

이번에는, 높은 기술 하나만이 주요 자산인 하이테크 기업에 대해 알아보자.

앞에서 인공지능의 도움으로 기술 격차를 해소하게 될 것이라는 내용을 다뤘다. 이런 환경에서 하나의 기술 개발에 집중적으로 투자하는 하이테크 기업의 기술력 또한 대기업 못지않게 탄탄해질 것이다.

대기업 입장에서는 이런 하이테크 기업에게 외주를 주어 프로젝트를 성사시키면, 따로 기술인력을 영입할 필요가 없어진다. 그만큼 그 기술 개발에 필요한 시간과 비용을 줄일 수 있게 된다. 그런데 다른 관점에서 보면 반대 현상이 일어난다. 대기업이 외주에 의존하지 않게 되는 것이다. 그 이유는 회사마다 사용하는 전문 소프트웨어 활용에 있다. 각 회사의 업무처리 특성에 맞게 프로그래밍 된 전용 프로그램 말이다. 기술의 발달로 이 전용 프로그램에 인공지능을 이용한 기술이 활발히 사용되고 있다.

예를 들어, AI가 의료 기록을 검토하고 가입 상품의 설계 수정을 요구하는 보험 회사의 프로그램 등이 있다. 이런 프로그램을 '기업용 인공지능 프로그램'이라 부르기로 하자.

기업용 인공지능 프로그램이 점점 더 발달함에 따라 사람이 하던 일을 인공지능이 대신하는 영역이 증가했다. 그 **프로그램을 다루는 사람만 필요할 정도로** 모든 일을 인공지능이 처리하게끔 설계되어 있다. 이렇다 보니, **기업의 고용인력은 계속 줄어드는 추세다.**

이런 흐름에서 보면 조만간 각 분야의 전문 인력들만을 고용해서 프로젝트를 분담하게 할 것이다. **이 형태의 장점은** 비전문적 고용 인력에 들었던 인건비 감소는 물론이고, 같은 기업 내의 전문 인력들끼리 의사소통이 원활해진다는 점이다. 이러한 환경에서는 추가로 기업의 **내부 정보 유출 위험이 감소하는 효과도 있다.** 즉, 기업용 **인공지능 프로그램을 통한 효율성 증대로 인해 대기업이 더는 외주에 의존하지 않아도 되는 것이다.**

분명한 건, 인공지능이 기업에 끼치는 영향력이 커질수록 앞에 제시한 두 가지 현상이 뚜렷하게 동반되리라는 것이다. 재미있는 점은, 상반되어 보이는 두 가지 현상 모두 각 분야의 전문인력이 필요하다는 점이다.

화이트칼라의 위기

인공지능 기술의 발달로 우리는 단순한 업무로부터 자유로워지고 있다. 그만큼 기술 발전에 필요한 전문적인 사고가 더욱 중요해졌다. 이런 흐름 속에서 **수학과 자연과학 분야 전문가의 역할이 점점 더 필요해질 것**이다.

인공지능을 분석하고 설계하는 수학 분야의 중요성은 날이 갈수록 커지고 있다.

제조업이나 바이오산업에서도 인공지능이 사용되는데, 여기에 필요한 것이 자연과학에 대한 전문지식이다. (어떤 식으로 이런 전문지식이 필요한지 궁금하다면, 이 글의 끝에 정리한 부분을 참고하길 바란다.)

흥미로운 것은, 이 분야의 반대편 직군에 대한 수요도 증가한다는 것이다. 그건 바로, 기술직이다. 섬세한 손기술을 요구하는 일은 아직 로봇이 흉내 낼 수 없는 영역이다. 의학 분야의 정밀한 로봇 수술을 제외하면, 정교한 손기술과 미적 감각을 함께 요구하는 작업에서 인공지능은 아직 사람을 따라올 수 없다.

아마도 화이트칼라 직무들은 인공지능 기술로 대체될 수 있을 것이다. 따라서 **인공지능 관련 전문가 직군과 손기술이 필요한 기술 직군으로 수요가 몰려 직군의 양극화가 일어나게 된다.** 이런 현상에 따라 **진로 선택을 위한 자기계발에 투자할 것을 권한다.** 수학과 과학 혹은 인공지능의 알고리즘을 다루는 연구직을 선택할지, 섬세한 수작업이 요구되는 기술 직군을 선택할 것인지를 고려하는 경험의 시간을 가져야 할 것이다.

다행히 이 양극화 현상 가운데, 인공지능 프로그램을 '잘 다루는' 직군에 대한 수요는 계속 존재할 것으로 보인다. 예를 들어 주식을 트레이딩하는 업무나 광고를 통한 매출 분석 등에 인공지능 프로그램을 이용하는 영역이 증가할 것이기 때문이다. 화이트칼라의 업무를 인공지능이 대신하게 되지만, 그 인공지능 프로그램을 다루는 일은 아직 사람의 영역이다.

지금부터는 앞에서 언급한 대로, 인공지능을 이용하는 데에 왜 과학이나 수학 분야의 지식이 요구되는지 짧게 살펴보자.

인공지능은 현재, 제조업의 설계 단계와 바이오산업의 신약 개발에 활발하게 사용된다. 시뮬레이션을 돌려보며, 설계 적합도와 신약 성분의 화학적 작용을 확인하는 것이다. 시뮬레이션은 해당 제품이 실제로 제조에 들어갈 때, 문제없이 제작될 것인지를 검토한다. 또한, 신약 개발 시에 각 성분이 화학적으로 어떻게 작용할지를 예측할 수 있다. 따라서 **제조 시뮬레이션의 경우, 각 재료의 물리적 특성이나 구조 역학 등의 물리학 지식이 요구**된다. **신약 개발을 위한 시뮬레이션의 경우, 각 성분의 화학적 성질에 대한 지식이 요구**된다. 이러한 지식이 논리적인 정보(로직)형태로 인공지능에 심겨 있어야, 그것을 기반으로 한 시뮬레이션이 가능한 것이다.

주입식 교육의 부작용

우리나라의 교육열은 세계적인 수준이다. 아니, 그 이상이다. 그러나 우리의 교육 방식에 대한 회의는 오래전부터 계속되어왔다.

이 글에서는 유명한 수업 방식 중 하나인 '플립러닝'에 대해 소개해보고자 한다.

플립러닝이란, 학습 주제를 미리 제시하고 이를 서로 토론하는 소통형 수업이다. 학생들은 스스로 터득한 지식을 바탕으로 토론을 진행하면서 능동적으로 사고력을 향상한다.

플립러닝의 장점은 이뿐만이 아니다. 수업 방식을 통해 아이디어를 도출하는 쪽으로 뇌가 활성화되면서 창의력의 질을 높인다. **좋은 아이디어를 내는 과정은 정보를 입력할 때가 아니라, 정보를 꺼낼 때 일어난다.** 단순하게 지식을 주입할 때보다, 기억을 꺼내 활용할 때 뇌가 더 활성화되기 때문이다.

검색 기능과 인공지능 기술이 발달함에 따라, 단순히 정보를 습득하는 것만으로는 더 이상 존경받지 못하는 시대가 되었다. 이제는 정보를 바탕으로 실질적인 아이디어를 끌어내는 작업이 더 중요해졌다. 그래서인지 플립러닝과 비슷한 수업 방식을 도입하는 대학이 늘어나는 추세다.

이 교육 방식은 '세미나 수업'이라는 과정으로 이미 독일에서 진행되고 있다. 이 수업은 발표와 토론 등 학생의 참여로 진행되는 소규모 수업이다. 담당 교수가 이론에 대한 설명을 먼저 제시하고, 학생은 이해한 것을 토대로 그에 맞는 프레젠테이션을 만들어 발표한다. 그룹 토론을 하는 시간도 따로 정해져 있다. 이 외에 대학원 시험을 구술로 진행하기도 한다. 정해진 시간 동안 교수가 질문하면, 학생은 자유로운 답변을 하는 것으로 이해도를 평가한다. 창의성을 키워주는 합리적인 교육 현장이다.

우리나라의 현실은 어떤가. 대안 학교를 제외한 국내의 모든 학교에서는 아직도 주입식 교육이 계속되고 있다. 시험 대부분은 정해진 시간 안에 기계처럼 빠르게 문제를 푸는 형태이다. 그렇다 보니, 시험이 끝나면 이해가 부족한 부분에 대한 피드백을 나누는 학생도 많지 않다.

이러한 환경 속에서 **우리 스스로 창의성과 전문성을 키울**

방법을 찾아내야 한다. 그렇지 않으면 가까운 미래에 인공지능이라는 기술로 인해 설 자리를 잃을 수 있다.

AI가 공부하는 방법

현재 가장 활발히 사용되는 인공지능의 학습법은 '딥러닝'이다. 인공지능을 활용하는 기업들은 대개 이 딥러닝 구조에 의존하고 있다. 딥러닝 모델을 이루는 구조와 기능이 다양해지고 있으나, 이 글에서는 기초적인 개념만을 다뤄보고자 한다.

딥러닝은, 사람의 뇌를 모방한 인공 신경망 모델을 통해 학습하는 것을 말한다.

인공 신경망은 어떻게 사람의 뇌를 모방한 걸까? 이 질문에 답하기 위해, 뇌 활동에 대해 먼저 알 필요가 있다. 뇌에는 수많은 신경 세포인 뉴런이 존재하고, 이 뉴런들을 서로 이어주는 시냅스라는 연결 부위가 있다. 뉴런과 시냅스가 이루는 그물 모양의 신경회로를 '신경망'이라고 부른다. 인간의 다양한 **사고 활동은 신경망에서 뉴런끼리 신호를 주고받으면서 일어난다.** 그렇다면 뉴런은 신호를 어떻게 주고받을까?

신호전달 과정에서 스파이크(spike)*라는 개념이 매우 중요하지만, 이 글에서는 단순화하여 그 과정을 설명하고자 한다. '이전 뉴런'에서 정보를 받는 '다음 뉴런'의 관점에서 다음 그림을 살펴보자.

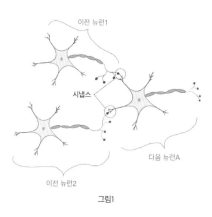

그림1

'이전 뉴런'들로부터 신호를 전달받는 뉴런A가 있다고 할 때, 각각의 시냅스를 통해 들어오는 뉴런1에서 오는 신호와 뉴런2에서 오는 신호를 모두 합하여 뉴런A에서 전기적으로 신호를 처리한다. 뉴런A로 들어온 전기 신호들의 합이 특정

* '이전 뉴런'에서 '다음 뉴런'으로 전달되는 신호로, 일정한 크기를 갖는다. 일정 시간 동안 발생하는 빈도수와 패턴이 구별되어 뇌가 처리하는 정보가 달라지게끔 하는 역할을 한다.

수치를 넘으면 뉴런A가 전기 신호를 발생시켜, 그다음 뉴런
으로 보낸다. **만약 특정 수치를 넘지 못하면 뉴런A는 전기
신호를 발생시키지 못하고, 뉴런A 다음으로 연결된 뉴런에
신호를 전달하지 못한다.** 이때, 이 특정 수치를 '문턱값'이라
고 부른다.

인공 신경망은 사람의 뉴런과 시냅스의 구조를 모방했다.

다음 그림은 인공 신경망을 이루는 핵심 요소를 나타낸 것
이다.

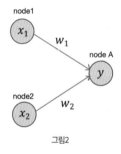

그림2

제시된 그림에서 노드(node)는 뇌 속 뉴런의 역할을 하고,
각 노드를 잇는 선들은 시냅스의 역할을 한다.

이때, 두 개의 x는 입력 신호를 의미하고, 두 개의 w는 '가
중치(weight)'라 부르며, 시냅스의 연결 강도를 의미한다.

그림2의 의미를 수식적으로 표현하면 $y = f(x_1w_1 + x_2w_2)$와 같다. 이때, f는 함수를 의미한다. 시냅스의 연결 강도는 인공 신경망의 가중치 'w(weight)'로 표현하며, 이전 노드에서 보내는 신호 x에 곱해진다.

그림2에서 노드A는 노드1과 노드2에서 입력되는 각각의 신호인 x에 가중치 w를 곱하여 모두 합한 값을 전달받는다. 그 값을 f라는 함수의 입력값으로 넣은 뒤 얻게 되는 출력값이 y이다. 이때, 함수 f의 '기능'에 대해 살펴보자. 실제 뉴런의 경우, 문턱값을 넘을 때만 다음 뉴런으로 신호가 전달된다. 인공 신경망에서 이러한 기능을 해주는 것이 바로 함수 f이다. 그래서 함수 f를 '활성화 함수'라고 부른다.

지금부터 다루게 될 그림은 인공 신경망의 수식적인 기본 요소를 시각적으로 이해할 수 있게 나타낸 것이다.

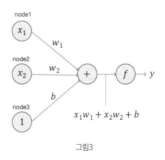

그림3

그림3에 등장하는 새로운 노드3은 숫자 1을 의미한다. 노드 3에서 나오는 화살표는 '편향 b'를 1과 곱하여 다음 단계로 전달한다. 다음 단계에서 보이는 + 기호는 이전 단계에서 오는 모든 입력을 합한다는 의미이다. (이해를 위해 단순한 합의 기호로 표현하였으나, 공식적으로는 시그마 기호를 사용한다.) 이를 수식으로 표현하면 $y = f(x_1w_1 + x_2w_2 + b)$이다.

앞의 수식에서 '편향 b'의 역할은 이전 노드에서 넘겨주는 출력값이 항상 일정 수치 이상을 유지하도록 돕는 것이다.

그림3과 같은 구조는 x를 입력받는 부분과 y를 출력하는 부분으로만 이루어져 있다. 이를 그림4와 같이 입력층과 출력층 사이에 중간층을 추가하면, 이것이 곧 딥러닝의 기본 모델 DNN(Deep Neural Network)이 된다.

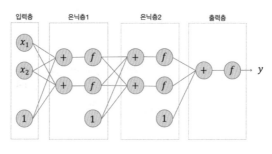

그림4

그림4에서 새로 추가된 중간층을 은닉층이라고 부르며, 이 은닉층이 두 개 이상일 때부터 DNN으로 분류된다. 그림 구조상 간결함을 위해 w와 b의 기재는 생략하였다.

딥러닝 학습법은 DNN 출력의 정확도가 높아질 때까지 학습 과정이 반복된다. 이때, 학습 과정이 한번 완료될 때마다 DNN 안의 w와 b의 값이 조율된다. **정확도가 일정 수준 이상이 되면 학습을 멈춘다. 그 단계에 있는 w와 b의 값으로 된 모델을 실전에 사용하는 것이다.**

앞의 수식을 이야기로 풀어쓰면 다음과 같다.

인공지능에 고양이를 학습시킨다고 가정해보자. **다양한 고양이의 사진을 인공지능에 학습시켜서, 고양이로 인식하는 정확도가 일정 수준 이상이 되면 학습을 멈춘다. 이 마지막 상태의 모델을 이용해 실전에서 고양이를 인식하는 데에 사용하는 것이다.** 대부분의 딥러닝 기반 모델의 경우 이러한 과정을 통해 실전에 사용된다.

넓은 시야

제5장

세상을 보는 인지 능력 끌어올리기

제5장에서는 열린 사고를 통해 얻을 수 있는
다양한 현실을 소개하고 있다.

왜 인문학인가

시장의 데이터로 공부한 사람은, 소비자의 수요 흐름에 대해 예측할 수 있다. 하지만 심리학과 인문학을 공부하다 보면, 수요 흐름이나 예측을 넘어서 수요를 직접 끌어낼 수가 있다. 대표적인 사례가 애플의 아이폰이다.

스티브 잡스는 수요를 예측했다기보다는, 수요를 만들어낸 측에 속한다. 그의 첫 아이폰 프레젠테이션을 떠올려보라. 그는 카메라와 MP3, 인터넷과 전화 등이 모두 가능한 작은 '휴대전화'를 소개했다. 그 추상적이고 혁신적인 제품은 스티브 잡스가 끌어낸 수요였다.

인문학은 인간을 중심으로 문화, 역사, 철학 등을 연구하는 인간 해석의 종합 학문이라고 할 수 있다. 인문학을 통해 우리는 사람이 주도하는 문화적인 흐름을 이해할 수 있게 된다. 우리가 처하게 될 환경은 물론이고, 그 안에서 일어나는 인간의 반응에 대해 예측할 수 있는 능력이 생기는 것이다.

심리학은 좀 더 개인적이고 섬세한 부분을 파악할 수 있도록 도와준다. 문화적 혹은 사회적 배경과 같은 상황을 바탕으로, 다양한 사람들의 성격 분석을 통해 개개인의 감정 반응과 의사결정을 파악할 수 있게 되기 때문이다.

즉, 인문학과 심리학을 모두 다뤄본 사람은 트렌드 예측을 넘어 인류에게 필요한 새로운 대안을 제시할 수 있다.

우리 삶의 나침반

'모 아니면 도'라는 식의 이분법적인 사고방식은 시간이 흐를수록 엄청난 인지 왜곡을 불러온다. 이 왜곡은 더 좋은 해결법으로부터 멀어지게 만들고, '맞다, 틀리다' 혹은 '이거 아니면, 저거'라는 이분법적 논리에 사로잡히게 한다. 우리가 사는 **세상은 흑백으로만 이뤄진 게 아니다.** 무지개보다 훨씬 다채로운 **다양성의 세계이다.**

우리의 의식을 예로 들자면, 뇌가 강한 각성 상태일 때는 직면한 아이디어가 매우 좋아 보일 수 있다. 반대로 뇌의 활동이 매우 저조할 때는 같은 아이디어라도 가망 없어 보이거나 가치 없는 것으로 여겨지기도 한다. 따라서 **각성 상태가 적정한 수준일 때, 객관적으로 아이디어를 볼 수 있는 상태가 된다.** 인간의 신체 활동도 마찬가지이다. 우리 몸의 호르몬은 신체 장기와 정신 현상을 동시에 조율한다. 이 과정에서 여러 종류의 화학적 작용이 어우러지면서 최종적으로 '우리'라는 이상적인 상태를 만드는 것이다.

균형 잡는 것의 장점에 관해 조금 더 예를 들어보자.

지금 글을 쓰고 있다고 가정해보자. 감각적으로 글을 쓰는 성향과 기술적인 요소들을 계산하며 글을 쓰는 논리적 성향으로 나눌 수 있다. 만약 이 두 가지 성향을 모두 갖춘다면, 균형 잡힌 글을 쓰는 데에 도움이 될 것이다. 너무 상투적인 글이 되지 않으면서, 동시에 이야기의 구조에 빈틈이 없는 글을 쓸 수 있게 되는 것이다.

사람들과의 관계 또한 마찬가지다. 너무 가까운 관계는 나의 생활 전반에 너무 깊게 들어오려 할 것이고, 거리가 먼 관계에서는 친밀감의 밀도가 떨어진다. 모두 관계의 중심에 중력*이 작용하도록 하면 어떨까. 서로를 끌어당기지만 망가지지 않을, 딱 그만큼의 거리를 두면 좋겠다. 우리 모두 이 지구의 중력에 발붙이고 나름의 질서를 유지하며 살아가듯이 말이다.

삶에 대해서도 균형 잡힌 태도를 지녀야 바람직한 사회인이 될 수 있다.

---

* 지구가 물체를 잡아당기는 힘. 질량이 있는 모든 물체 사이에는 서로 끌어당기는 만유인력이 작용한다. 중력이 존재하기에 우리는 공중에 떠다니지 않고 지표면에서 생활하는 것이다.

우리의 삶을 올바른 쪽으로 이끄는 나침반 역할을 해주는 것은, 이런 균형을 맞추려는 본능과 '자기 인지'에 있다.

공든 탑이 무너질 수 있다

지능이 높은 사람들에게서 나타나는 현상이 있다. 그들은 논리적인 생각을 잘한다. 즉, **틀린 정보가 들어와도 '자기 생각이 맞다.'**라는 생각이 들면, 그에 맞는 이유를 논리정연하게 만들어낸다. 그리고 **스스로 만들어낸 틀린 논리를 더욱 견고하게 쌓는다.** 이것은 매우 위험한 습관이 될 수 있다.

허술하게 쌓아 올린 논리는 쉽게 무너진다. 그래서 빨리 자신을 되돌아볼 수 있지만, 정교하게 쌓은 논리는 쉽게 무너지지 않는다. 지능이 높은 사람일수록 자기 생각을 돌아보기까지 더 많은 시간이 걸리는 이유다. 그래서 지능이 낮은 이가 먼저 정답에 도달하기도 한다. 사실은 그 반대여야 하는데 말이다. 그러니 **지능이 높은 사람일수록 자기를 내려다볼 수 있는 메타 인지의 영역을 키워야 한다.** 자기를 보는 눈이 생기면, 되돌아봐야 할 부분이 보이고 더 멀리 넓게 볼 수 있다.

넓은 세상은 열린 문으로 들어온다

보편적이라는 것은, 모든 것에 두루 미치거나 통한다는 개념이다. 넓은 범위에서도 통용되는 것을 의미한다.

어떤 대상을 만났을 때, **기존에 알던 논리로만 분석하려 들면** 잘 풀리지 않는 부분이 생긴다. 그럴 때 우리는 분석 대상이 틀렸다는 생각을 하기도 한다. 자신의 논리와 맞지 않는다고 해서 다른 정보를 무시하면, **더 넓은 범위의 인사이트를 받아들일 수 없게 된다.** 그런 상황을 피하려면 보다 넓은 시야를 가져야 한다. 내가 옳다고 여기는 논리가 다른 부분에서는 통하지 않을 수 있다는 생각을 가져야 한다는 것이다.

분석 대상에 대한 **새로운 논리를 발견할 때까지 여러 측면에서 바라보고 사고하는 자세가 필요하다.** 세상에 널린 보편적 개념을 받아들일 수 있는 넓은 그릇이 되려면 이런 태도를 지녀야 한다.

과학적 현상이란

과학 기술이 발전하면서 과거에는 측정되지 않았던 현상이나 물질을 관측하게 되었고, 이와 관련된 현상들을 이해할 수 있게 되었다. 이를 통해 과거에는 없다고 여겼던 것들이 새로운 현상으로 설명되는 세상에 살고 있다. 우리는 설명할 수 있는 현상을 과학적 현상이라 말하고, 설명이 어렵거나 관측할 수 없는 것을 비과학적이라고 믿는다.

아마도 먼 **미래에 관측과 설명이 가능해진 어떤 현상이나 물질이 발견된다면, 그것은 그때가 되어서야 과학적 현상이라고 인정받을 것이다.**

우리가 비과학적이라 부르는 현상들에 대해 충분히 마음을 열고 들여다본다면 새로운 관점이 떠오를지도 모른다. 단적인 예로, 물질화되지 않은 영혼이나 의식 같은 것이 있다. 그것들은 보이지도 않고 설명할 수도 없기에 존재하지 않는다고 말하기도 한다. 하지만 **영혼과 의식은 분명히 우리를**

이루는 존재 양식 중 하나이다.

어느 날 영혼과 의식을 측정할 수 있게 된다면, 나는 이 개념을 어떤 현상이라 규정할지 궁금하다. 그것을 설명하고 증명할 수 있는 날이 온다면, 우리의 직관이나 영감의 원천에 관한 연구가 활발해질 것이다. 그런 날이 오면 종교와 과학이 통합되는 현상이 일어날지도 모른다.

위성 인터넷을 통한 변화

기술의 발전은 경제 흐름에 매우 큰 관련 요소가 되었다. 경제를 예측하는 데 있어, 기술에 대한 배경 지식이 필요한 사회가 된 것이다. 그만큼 기술 관련 산업이 경제의 주축이 되었다.

과학 기술은 우리의 생활 방식에도 영향을 주었다.

생활 방식의 변화는 새로운 수요를 만들었고, 그것은 곧 시장의 환경을 바꿨다. 그 예로 스마트폰이 있다. 여담이지만, 가까운 미래에는 인공지능의 개인화 서비스가 우리의 생활은 물론이고 사고방식마저 바꿔놓을 것이다.

만약, 당신이 앞으로 다가올 경제 흐름을 예측하고 싶다면 특정 기술이 어디까지 영향을 미치는지를 파악해야 한다. 그래야 떠오를 산업과 사양 산업을 구별할 수 있다. 이때 수치로 된 정보까지 암기하거나 분석할 필요는 없다. 그 기술이 어떤 기능을 하는지만 알아도 충분하다.

예를 들어 '위성 인터넷' 기술을 통해 미래 산업을 예측한다고 해보자.

　위성 인터넷 기술의 간단한 **원리는, 인터넷 사용자가 인공위성에 요청 신호를 보내면,** 그 신호를 받은 인공위성이 지상에 있는 **데이터 센터로 요청 신호를 전달**한다. 데이터 센터는 사용자가 원하는 데이터를 인공위성으로 전달하면, **위성은 이를 사용자에게 전달하는 방식**이다.

　위성 인터넷 기술의 **핵심 역량은** 광케이블의 지원 없이 인터넷 사용이 가능하여, **오지에서나 바다 한가운데에서도 인터넷을 사용할 수 있다는 것이다.**

　이런 기술을 기반으로 떠오를 산업과 가라앉을 사업이 예측 가능해진다. 인터넷을 이용하는 자율주행 차량이 전국에서 활약할 수 있다. 하지만 기존의 통신 사업은 어떻게 될까. 위성 인터넷과의 협력 없는, 외진 지역에서 '위성 인터넷' 통신과의 경쟁에서 밀리게 될 것이다. 이처럼, 산업 활동에 대한 예측은 해당 기술의 **핵심 역량을 파악했을 때** 가능하다. 그리고 이 핵심 역량은, **기술을 기능적 관점에서 분석하면** 쉽게 알아낼 수 있다. 이러한 분석 과정을 여러 기술에 적용하면, **각각의 기술이 어떻게 시너지 효과를 내게 될지 예측할 수 있게 된다.**

사고 전략

제6장

효율적으로 생각하기

제6장에서는 다양한 전략이 우리에게 주는 효과에 대해 알아보자.
어떤 관점에서 보느냐에 따라 결과의 질이 달라진다.

생각대로 된다

　심리학에는 '인지 편향'이라는 개념이 있다. 인터넷에 떠도는 뜻으로 보면 경험이나 신념에 의한 편향된 추론으로 잘못된 판단을 하는 것'을 의미한다. 하지만 이는 인지 편향에 대한 구체적이고 객관적인 의미는 아니다.

　인지 편향의 하위 개념 중에는 우리의 사고에 좋은 영향을 주는 편향이 있다. **문제를 긍정적으로 바라보는** 인지 편향(positive cognitive bias)인데, 그것을 **긍정적 편향**이라고 부른다.

　뇌는 사고 활동에 있어 효율성을 추구한다. 우리가 벼락치기로 공부할 때처럼 선택과 집중이라는 전략으로 정보를 처리하는 것이다. '할 수 있다.'라는 관점으로 정보를 대하면 우리의 뇌는 신기하게도 긍정적인 정보에 더 쉽게 집중한다. **이러한 현상은 우리가 더 빨리 목표에 도달하도록 돕는다.** 무의식적으로 '된다.'라는 가능성에 집중하도록 만들기 때문이다. 반대로 '안 될 거 같다.'라는 비관적 마인드는 안 될 수밖에 없는 정보에 집중하여, 실제로 뇌의 활성도를 떨어뜨린다.

긍정적인 마인드는 창의성에도 좋은 영향을 준다. **창의적인 아이디어는 기존의 것에 변화를 주면서 생겨난다.** 생각에 변화를 줄 때는 사고의 유연성이 필요한데, 그 유연성은 긍정적인 자세로 사고할 때 발현된다.

긍정적인 사고에 도움이 될만한 간단한 방법을 추천한다. 매일 감사 일기를 쓰는 것이다. 감사한 부분을 찾기 위해서는 긍정적인 관점으로 사고하게 되는데, 바로 그 과정에서 주변과 나에 대한 가능성을 더 많이 발견할 수 있다.

퍼즐 맞추기

새로운 정보를 받아들일 때는, 분석 대상에 따라 사고방식을 달리해야 한다. 예를 들어, 퍼즐 맞추기를 한다고 가정하자. 퍼즐 조각을 맞추는 과정은 다음과 같이 진행될 것이다.

먼저, 완성된 그림을 참고하여 어떤 그림인지를 살펴본다. 이때는 전체를 파악하는 관점으로 사고한다. 그런 뒤에 퍼즐 조각의 색으로 적당한 자리를 찾아낸 다음, 퍼즐 조각의 모양에 집중한다. 이때는 전체가 아닌 부분을 보는 사고가 필요하다.

이렇듯 문제의 각 과정에서 필요로 하는 사고방식이 다를 수 있다. 그러므로 현 단계에 맞는 사고 전략을 효율직으로 파악해야 한다.

그렇다면 우리가 이용할 수 있는 사고 전략은 어떤 것들이 있을까?

특정 대상이나 상황을 거시적 관점에서 바라보는 '시스템적 사고'가 있고, 문제를 부분별로 나누어 논리적으로 이해하는 '분석적 사고'와 소통을 통해 아이디어를 조합하는 '협력적 사고'가 있다. 그 외에도 '논리적 사고'와 '직관적 사고' 등이 있다.

이러한 사고 전략을 알고 있으면 분석 대상에 어떤 전략을 사용할지 더 빠르게 파악할 수 있다. **원인과 결과를 규명해야 하는 상황일 때는 '분석적 사고'를 이용하고, '시스템적 사고'를 통해서는 인과관계의 전체적 틀을 볼 수 있다.** 이렇게 필요한 사고 전략을 파악하는 인지 활동은, 분석 대상이 눈에 들어오지 않거나 성과가 나지 않을 때 그에 맞는 사고 전략을 사용하도록 돕는다.

전체를 보면 부분이 보인다

처음 보는 정보를 학습할 때, 정보의 앞부분만 보고는 내용을 완벽히 이해할 수 없다. 앞부분을 이해할 수 없다고 해서 계속 거기에 머물러있으면 안 된다. **앞부분을 이해하기 위해서는 뒷부분까지 모두 보아야 한다.** 그러면 정보의 윤곽이 잡히기 시작하고, 앞부분의 내용을 조금 더 이해할 수 있게 된다.

전체를 한 번 보는 것만으로 이해하기 어려운 정보는, **처음부터 끝까지 여러 번 반복해서 보는 전략**을 추천한다. 이를 통해 **두 가지 효과를 볼 수 있다.**

첫 번째 효과로, 정보의 표현들이 눈에 익게 된다. 표현이 익숙해지면 정보에 대한 거부감이 줄어든다. 이는 우리의 뇌가 좀 더 정보에 집중하도록 돕는다.

두 번째 효과로, 전체를 반복해서 보면 저절로 암기되는

부분이 생긴다. 이렇게 되면, 정보의 어느 부분을 대하든 암기된 정보가 특정 부분을 이해하는 데 도움을 준다.

정보의 특성상 앞부분에 매달려서 이해하려고만 하기보다는, 전체를 여러 번 훑고 나서 앞부분으로 돌아가면 처음보다 더 많이 보일 것이다.

숏폼의 매력

우리는 점점 더 짧은 시간 안에 자극적인 정보를 얻으려고 한다. 그래서인지 영화나 드라마를 압축해서 보여주는 '요약 콘텐츠'의 인기가 급상승 중이다. 흥미로운 부분 위주로 편집하여 짧은 시간 안에 볼거리를 제공한다.

이런 숏폼[*] 트렌드는 감각적인 요약의 기술을 요구한다. 콘텐츠뿐 아니라, 흥미를 끄는 짧고 강한 어필이 필요한 경우는 많다. 나 역시 공부한 논문을 정리하여 발표할 때, 질 좋은 요약을 위해 많은 시간을 사용했다. 요약의 감각을 익히는 데에 도움이 되길 바라며, 내가 다듬어 온 방법을 소개한다. (다음 내용에서 언급하는 '매력'은 정보 전달이 목적인 상황에서의 '가치 있는 정보'를 말한다.)

우선, 전달하고자 하는 내용에서 **흥미로울 만한 주제를 찾는다.** 어필하고자 하는 매력이 정해지면, 그 **매력을 느낄 수**

---

[*] 짧은 길이의 영상 콘텐츠.

있는 부분을 최대한 골라보자. 이제 **그것들을 재배치하면서 전체 흐름에 도움 되지 않는 부분은 과감히 버려라.** 이 단계에서 가장 합리적인 요약이 일어난다. 재배치한 내용을 연결할 때는, 연결점에 필요한 최소한의 설명으로 내용을 이어준다.

각 단계에서 필요한 요령을 정리해보자.

1. 흥미로운 주제 찾기

일단 전체 내용을 모두 파악해야 한다. 그래야 가장 어필하기 좋은 부분이 눈에 보인다. 그게 어렵다면, 가장 많이 다뤄지는 내용을 주제로 선정해도 좋다.

2. 어필에 필요한 부분 최대한 골라내기

첫 단계에서 찾아낸 주제를 더욱 매력적으로 만들어 줄 부분을 최대한 많이 골라내자. 주제를 보조 설명하는 부분도 좋다.

3. 어필할 부분을 재배치하기

앞 단계에서 골라낸 정보를 흐름에 맞게 재배치해보자. 재배치를 해보지 않으면, 어느 부분이 불필요한지를 알 수 없다.

4. 내용의 흐름에 필요 없는 부분 버리기

처음 보는 사람처럼 생각을 비우고, 재배치한 내용을 끝까지 살펴보라. 이 과정에서 굳이 들어가지 않아도 이해되는 부분이 보일 것이다. 그런 부분을 최대한 걸러내 보자.

5. 배치한 내용을 매끄럽게 연결하기

이제 선택된 내용을 매끄럽게 연결해보자. 영상이라면 해설이나 자막으로, 글이라면 내용 사이를 연결하는 보조적인 문장 혹은 접속사를 활용하라.

앞의 단계를 여러 번 반복 훈련하면, 요약에 대한 감각이 발달하게 된다. 타인에게 무언가 어필하거나 설명할 때, 일목요연하게 전달할 수 있다. 이러한 요약 능력은 비즈니스 제안, 마케팅, 영업, 전달 목적 글쓰기 등에 매우 요긴하게 쓰일 것이다.

과정에서 원인을

원인을 제대로 파악하면, 문제를 근본적으로 해결할 수 있다.

예를 들어, 자녀의 수학 점수가 좋지 않다고 가정해보자. 결과만 보는 평범한 부모라면, 과외를 시키거나 유명 학원에 보내려고 할 것이다. 그리고 아이의 수학 점수를 올리기 위해 선행학습을 시키면서 시험에 대비할 것이다. 그러나 그렇게 해서 모든 자녀의 수학 실력이 근본적으로 향상되지는 않는다.

자녀의 수학 성적이 낮은 이유는 여러 가지가 있을 수 있다. 원인을 알아내려면, 아이가 수학 문제를 푸는 과정을 분석해야 한다. 숫자와 계산에 약한 것인지, 수식이나 논리에 약한 것인지, 혹은 단순한 거부감인지 말이다.

과정을 분석하는 사람은 더 넓은 시야를 갖는다. 과정이 결과에 어떤 영향을 미치는지 알기 때문이다.

경험이 자산이 될 수 있는 건, 우리가 직접 그 과정을 체험하기 때문이다. 만약 직접 체험할 수 없는 경우라면, 타인의 과정을 지켜보라. 그것으로 우리는 간접 경험을 할 수 있다.

과정을 보면 원인과 결과를 한눈에 볼 수 있으므로, 경험의 데이터는 계속 업그레이드될 것이다.

외부에서 내부로

나는 소셜미디어와 메신저 앱을 수시로 확인하는 습관이 있다. 그런 산만함이 어디서 오는가를 고민하다가 '행동 관성' 때문이라는 것을 알게 되었다. 우리가 어떤 **행동이나 생각을 오래 자주 하게 되면, 그에 대한 관성이 생긴다.**

소셜미디어와 메신저 앱을 수시로 보는 등 외적 방향으로 관심을 쏟으면, 우리의 관성은 평소에도 외부를 향하게 된다. 이것이 '의식이 외부로 향해있는 관성'이다.

당신이 무언가에 집중해야 한다면, '의식이 내부로 향하는 관성'을 만들어야 한다. 그래야 우리의 주의가 외적인 환경이나 활동으로 쏠리지 않는다.

관성의 방향을 바꾸는 효과적인 **방법은 외부 자극이 없는 상태에서 오롯이 자신의 감각에 집중하는 것이다.** 명상에서도 흔히 사용하는 방법이다. 이를 통해 우리는 자신에게 집중하는 능력을 키울 수 있다. 이런 시간을 자주 갖다 보면,

외부로 향하던 의식이 내부로 향하는 관성으로 바뀐다. 이 관성이 제대로 체화되면, 자기 눈앞의 일에 집중하기가 훨씬 수월해진다.

나를 들여다볼 수 있는 시간이 늘어날수록 나에 대해 집중하게 되는 순기능이 일어난다. 그것은 외부와의 분리불안에서 벗어나 오롯이 자신의 세계와 더욱 친숙해지는 과정이다.

내면 관리

제7장

어제보다 느슨하게

제7장에서는 휴식과 이완을 통해 얻는
몇 가지 효과를 다뤄 보자.

즐거운 몰입

『몰입』의 저자인 황농문 교수의 인터뷰 영상을 본 적이 있다. 인상적이었던 부분을 조금 정리해보고자 한다.

우리가 특정 문제를 풀고자 할 때, 처음에는 해결책이 잘 떠오르지 않는다. 초반에는 그저 그런 방법이나 잡생각이 머리를 어지럽힌다. 대개의 사람은 이 단계에서 집중력이 흐트러진다. 하지만 계속 시간을 투자해서 집요하게 그 해결책을 고민해야 한다. 그러다 보면, 어느새 잡생각은 사라지고 그럴듯한 해결책이 둥실 떠오르게 된다. 결론은, 긴 **시간을 들여 몰입해야 좋은 해결책이 떠오른다**는 것이다. 그리고 긴 시간 동안 지치지 않으려면, 하나의 문제에 대해 이완된 마음 상태로 고민해야 한다. 이 조건이 되어야만 오랫동안 즐거운 몰입을 할 수 있다.

우리는 흔히 커피나 에너지 드링크를 마시면서 과한 각성 상태로 일해야 의미 있는 결과물이 나올 거라는 오해를 하기도 한다. 하지만 편안한 상태에서 시간을 들이라는 조언을 주고 싶다. 그 상태에서 오래 집중한 사람들이 제대로 된 몰입을 한다.

다시 몰입의 과정을 들여다보자.

어떤 사고를 하여 **뇌 회로가 활성화될 때, 처음에는 잡생각이 끼어들 수 있다.** 그 사고와 관련한 **주변**(잡생각) **신경망 또한 활성화되기 때문**이다. 하지만 목표에 계속 집중해주면, 그 사고 부위의 뇌 회로가 더 강하게 연결되어 새로운 신경망이 형성된다. 여기에서 잡생각은 덜어지고, 더 좋은 아이디어 도출 과정이 강화된다. 그러므로 제대로 시간을 투자한 사람들은 더 빨리 활성화된 뇌 회로를 구성하게 되어 양질의 아이디어를 낼 확률이 높아지는 것이다. 또한, 오랫동안 고민해서 스스로 문제를 해결하게 되면, 창의력이 향상한다. 다른 해설지 등에 의존하지 않고 **능동적으로 문제를 해결하려는 과정에서 탐구력과 사고력이 탄탄해지기 때문이다.**

깊고 느린 호흡

이 글에서는 가장 기본적인 호흡법의 원리에 대해 알아보고자 한다. 요가나 명상의 기초 과정에서 중요하게 배우는 것이 호흡이다. 호흡의 방식에 따라 우리의 신체가 영향을 받기 때문이다. 이런 호흡에는 어떤 원리가 숨어있는 것일까?

요가와 명상할 때의 기본적인 호흡은 복식 호흡이다. 다양한 호흡법이 있으나, 우리가 배우기 쉬운 이 복식 호흡과 관련하여 얘기해보자.

복식 호흡은 깊게 들이마시고 천천히 내쉬는 것이다. 들숨에 배 부분 전체를 팽창시켰다가 날숨에 배를 수축시키는 호흡을 반복하는 것이다. 이 호흡은 **체내 혈액에 충분한 산소를 공급한다.** 이것은 우리 몸에 다양한 현상을 일으키는데, 그 과정은 다음과 같다.

뇌는 심장보다 산소를 더 많이 소비한다. 신체 질량 중 차지하는 비율이 매우 낮음에도 불구하고 산소를 가장 많이 소비하는 기관이다. **뇌에 충분히 공급된 산소가 활발히 소비되면서 신경 전달 물질의 생성이 촉진된다.** 이를 통해 **뇌의 신호 전달이 활발해지고 인지 기능이 향상된다.**

복식 호흡처럼 깊고 느린 호흡은 부교감 신경계를 조율하여 긴장을 풀어준다. 이런 부교감 신경계와 관련된 뇌 영역이 안정적으로 활성화되면 자기 존재감 또한 좋은 쪽으로 발달하게 된다.

자기 존재감이란, 자신이 존재하는 것에 대해 인지하는 '느낌'이다. **건강한 자기 존재감은** 사람을 더욱 성숙한 인격체로 만드는 데에 도움을 준다. 요가나 명상을 오래 한 사람들이 자기 **내면을 돌보며 자신을 사랑하고 안정된 정서를 갖는 것**에는 위와 같은 효과의 도움이 있기 때문이다.

만약 심적으로 힘들거나 자존감이 낮아진다면 복식 호흡을 통한 요가나 명상을 권하고 싶다. 신체나 정신 모든 면에서 매우 긍정적인 치유 효과를 볼 것이다.

머리 비우기 #1

스마트폰 사용이 일상화되면서 우리의 뇌는 도무지 쉴 틈이 없게 되었다. 집중해서 일하다가도 쉬는 시간에는 스마트폰을 보며 뇌를 외부 자극에 노출시킨다. 이런 상태의 뇌는 피로감이 누적되어, 결국 뇌의 과부하를 불러온다.

휴식이란, 무엇을 보고 들으면서 받아들이는 때가 아니다. 제대로 된 휴식은 아무것도 하지 않고 **'멍 때리기' 할 때 일어난다.** 의식적으로 방해받지 않는 이 상태에서, 우리의 뇌는 휴식 직전에 들어온 정보를 바탕으로 상태를 조율한다.

휴식에서 얻을 수 있는 또 다른 장점이 있다. 뇌는 쉴 때와 집중할 때 활성화되는 영역이 다르다. 그러므로 **휴식과 집중을 번갈아서 반복해주면 '전반적인 뇌 영역 활성화'가 일어난다.** 이때 더욱 창의적인 사고를 할 수 있다. 따라서 집중하는 사이의 적당한 휴식은 능률을 올리는 필수 요소인 것이다.

머리 비우기 #2

    참신하고 새로운 생각은, 기존의 관점을 머릿속에서 비울 때 떠오른다. 우리 안에 심어진 선입견이나 오래된 신념은 시야를 좁게 만든다. 그것은 다양한 것을 받아들이는 데에 치명적인 방해가 된다.

    선입견을 내려놓기 위한 가장 빠른 방법은, 머리를 비우는 것이다. 그리고 지금 당면한 문제를 차분히 대면하는 시간이 필요하다. 이때 주의할 점은 **대상을 있는 그대로 바라보아야 한다**는 것이다. 이런저런 사회적 시선이나 논리적인 잣대를 앞세워서는 절대로 안 된다. 그것은 마치 수면 아래가 보이는 맑은 물속을 '의식'이라는 흙탕물로 마구 헤집어 놓는 것과 같다.

    자꾸만 개입하는 의식적인 사고 활동을 멈추고 생각을 아예 비워보자. **선입견을 내려놓는 그 과정에서** 분석 대상을 다른 관점으로 바라보는 여유가 생긴다. 그러면 보이지 않던 새로운 아이디어가 자연스레 떠오른다. 또한, 기존의 관점에서도 반영해야 할 부분과 버릴 부분이 보이기 시작한다. 그렇게 **분석 대상에 대해 좀 더 보완된 시선이 생기게 된다.**

향기의 능력

이번에는 아로마 테라피에 대한 경험을 공유하고자 한다. 레몬과 페퍼민트 에센셜 오일을 선물로 받은 날의 경험이다.

나는 수정석 위에 오일을 몇 방울 떨어트리고 하던 작업을 계속했다. 다른 날보다 정신이 맑고 집중이 잘 되었다. '오늘은 왜 이렇게 작업이 잘 되지?'라는 생각으로 주변을 둘러보았지만, 방 안 풍경은 다른 날과 별다른 차이가 없었다. 그러다가 수정석에 눈길이 갔다. 그 순간 오늘이 달랐던 이유를 알아챘다.

어느새 페퍼민트 향이 방안을 가득 채우고 있었다.

'냄새를 맡는 것만으로 무슨 신체적 효과를 본다는 거지?'라는 의문을 가질 수 있다. 그러나 후각으로 처리되는 감각이, 촉각이나 시각처럼 뇌를 자극하는 전기적 신호라면 이해할 수 있을 것이다. 특히 **후각을 자극하는 것은 다른 감각들과 달리, 뇌의 특정 부위를 직접 자극하여 신경계를 조율하**

는 것이기에 긍정적인 효과를 준다.

아로마 요법은 의술이 발달하기 이전부터 '향기 요법'이라는 치료로 애용되었다. **후각 수용체는 코뿐 아니라, 심장과 위장, 피부에도 존재하기 때문이다.** 따라서 향기를 흡입하는 것뿐 아니라, 피부로 향을 직접 흡수했을 때도 다음과 같은 효과를 얻을 수 있다.

로즈마리는 관절염이나 근육통을 완화하고, 기관지나 천식에도 효과가 있다. 만약 각성이 필요하다면 페퍼민트 오일이나 로즈마리 오일이 좋다. 특히, 로즈마리 오일은 뇌를 활성화한다.

스트레스를 조절하고 싶을 때는 레몬 등의 시트러스 계열 오일을 추천하고, 긴장이나 불안감을 완화하고자 할 때는 라벤더 오일의 도움을 받을 수 있다.

지금 지쳐있다면, 마음을 열어 향기를 경험해 보는 것은 어떨까.

마음 편지

제8장

당신에게 한 번쯤은 필요했을 말들

제8장은 응원의 메시지를 담았다.
상처받은 마음을 잘 회복하고, 그 경험을 좋은 에너지로 바꾸기를 희망한다.
다시 한번, 당신의 가능성을 찾길 바라며!

완전한 감정

사람은 사랑을 잃으면 망가진다. 사랑을 **갈구하거나 거부하게 된다.** 아가페나 에로스, 필리아적인 사랑도 마찬가지다. 모든 관념은 그에 맞는 에너지를 갖고 있다. 그런 관념 중에서도 교묘할 정도로 완벽하게 **모든 걸 다시 살리는 것은 사랑이 가진 에너지다.**

사랑은 결핍을 해소하는 힘을 가지고 있다.

누군가에게 상처 입었을 때, 그 **가해자가 내게 미안해하기보다는 진심 어린 애정을 보여줄 때 더 빨리 치유된다.**

성공한 사업가 중에서도 더 인정받고, 더 많이 갖기 위한 것에 중점을 두는 이들이 있다. 그러다 보면 비윤리적으로 사업을 키우기도 한다. 그들은 무엇이 부족해서 그런 경영 방식을 고수하는 것일까? 어떻게 해서 그토록 공격적인 선택을 하는 것일까?

신기하게도 그들이 인간적으로 사랑받으면 인정 욕구가 해소된다. 그들의 정서가 안정되어 공격적인 자세를 바꾸게 되는 것이다. 그런 변화를 겪은 사업가들은 사람을 생각하는 경영을 시작하기도 한다.

사랑은 감정 그 이상의 힘을 갖고 있으며, 모든 것을 조율하고 해결한다. 부족한 부분은 채우고, 과한 부분은 진정시킨다. **사랑은 다른 감정을 치유하거나 풍요롭게 하는 상위 버전의 감정이다.**

관계의 선물

우리가 살아가면서 겪는 이별 중에 가장 힘든 것 중 하나가 연인과의 이별이다.

관계 안에 있을 때는 세상을 다 가진 듯하다가도, 이별 후에는 세상으로부터 거부당한 느낌마저 받는다. 이별로 인해 한껏 낮아진 자존감은 당신에게 애정 결핍을 일으킬 것이다. 하지만 그 공허함을 채우기 위해 서둘러 다른 관계를 만들지 않기를 바란다. **끝난 관계에 대한 애도의 기간을 충분히 가지라**는 것이다.

그 애도의 과정에서 성장이라는 선물을 발견할 것이다. 지칠 때까지 눈물을 퍼 올리고, 흘려보내라. 얼마든지 그 과정을 반복하고 나서, 그 흥건한 늪에서 빠져나오기를 바란다. 그리고 당신의 모습을 보라. 더 단단해진 내면의 모습을 유심히 살펴보라. **관계 안에서는 보이지 않던 것들이 보일 것이다.**

이제 당신은 높아진 자존감으로 사사로운 인간관계에 목매지 않을 것이고, 혼자인 상태를 즐길 수 있게 된다. 그런 어느 날에는 지나간 사랑이 추억이라는 기념품으로 남았음을 확인하는 순간이 올 것이다.

관계를 만드는 것은 선물 주머니에 선물을 넣는 것과 같다. 너무 큰 관계를 주머니 깊숙이 넣으면 다른 관계가 들어갈 공간이 줄어든다. **선물 주머니를 비우고 채우는** 것, 채우고 다시 비우는 것. 우리는 이 **순환의 과정이 주는 선물을 죽을 때까지 받게 될 것이다.** 그렇게 당신은 또 다른 인연들을 만나게 된다. **그것이 만남과 이별이 서로에게 주는 선물이다.**

시간보다 좋은 약

'시간이 약이다.'라는 말이 있다.

안 좋은 기억으로 인한 부정적인 감정도 시간이 지나면 처음만큼 힘들지 않다는 말이다. 하지만 나는 '반복이 약이다.'라는 의견을 갖고 있다.

시간이 지나도 아픈 기억에서 벗어나지 못하는 사람이 있는데, 이는 뇌의 '신경 가소성'과 연관이 있다. **신경 가소성은** 뇌의 신경회로를 더 뚜렷하게 만들기도 하고, 점점 비활성화되도록 만들기도 한다. 이것은 **양날의 검과 같다.**

아픈 기억을 계속 떠올리면, 그에 해당하는 신경회로가 점점 강해져서 시간이 지나도 뚜렷한 아픔으로 다가온다. 하지만 이를 반대로 이용하여 **아픈 기억을 긍정적으로 대하려고 하면, 부정적인 감정으로 인지하던 뇌의 신경회로에 변화를 주게 된다.**

힘든 기억을 딛고 일어서려는 **긍정적인 사고가 자주 발생할수록, 부정적 감정에는 더 빨리 무뎌지게 된다.** 그러니 의도적으로 밝은 사고를 자주 반복하라. 그것만으로도 당신은 아픈 기억에서 빠져나오는 데 큰 도움을 받을 수 있게 된다.

재능의 방향이 다를 뿐

사람은 저마다 각기 다른 수용체를 갖고 있다. 이 수용체란 개개인이 가진 정신적 센서와 같다. 수용체의 종류에 따라 더 예민하게 **흡수하는 부분이 다르므로, 각자의 재능도 다르게 나타난다.**

어떤 사람이 가진 수용체는 시각적인 감각에 더 예민한 수용체일 수 있고, 누군가는 수의 체계를 기반으로 한 논리적 관계에 더 예민한 수용체를 가질 수 있다. 만약 당신이 어떤 일을 즐긴다면, 그 분야에 예민한 감각과 재능을 지녔음을 의미한다. 다시 말하면, 사람이 지닌 수용체는 방향이 다를 뿐이지, 성능이 떨어지는 것은 아니다. 그렇게 **모든 사람은 각각의 분야에 대해 다른 재능을 갖고 있다.** 다만, 그 분야를 찾는 과정이 어려울 뿐이다.

당신이 어떤 분야에 재능이 있는지 알고 싶다면, 특정한 활동에 참여해 보라. 그것이 만들어내는 결과와 관계없이 그 과정 자체가 즐겁고 뿌듯한 느낌이 든다면, 그 분야와 잘 맞는 적성을 갖고 있을 확률이 높다. 또한, 당신의 센서가 남들보다 더 예민하게 작동하는 분야에 도전하라.

이 두 가지를 기억하라. 과정이 즐거웠는지, 그 활동을 할 때 남들보다 더 예민하게 느끼는 부분이 있는지를 살펴라. 이 두 가지가 만족이 되면 당신은 그 일을 오래 할 수 있으며, 남들보다 더 깊이 있게 다룰 수 있다.

앞으로 어떤 직업이 유망해질지를 염두에 두고서 거기에 자신을 억지로 끼워 넣지는 마시라. 당신이 잘하는 분야에서 경력을 쌓으면, 그 자체가 자산이 되어 환경이나 직업이 바뀌어도 당신의 가치를 높여줄 것이다.

파랑새 증후군

흔히, 노력 없이 맹목적인 희망을 품는 사람을 파랑새 증후군에 비유한다. 하지만 역설적이게도, **맹목적인 희망이 있을 때 우리는 도전하고 노력하게 된다.**

같은 상황에 부닥친 두 사람이 있다고 생각해보자.

한 명은, 지금보다 더 나아질 수 없는 상황임을 알고 그저 그렇게 이번 생을 살아가리라 생각한다. 또 다른 한 명은, 나아질 기미가 없다는 것을 알지만 '지금보다 더 발전할 거야.'라는 맹목적인 희망으로 하루하루를 살아간다.

두 사람의 미래는 크게 차이가 없을 수도 있다. 하지만, 지금 당장 하루하루를 살아가는 두 사람의 마인드에는 현저한 차이가 있다.

그저 그렇게 사는 이는 무미건조한 하루하루를 맞이하게 될 것이고, **지금보다 발전할 거라는 희망을 품은 사람은 어제보다 나은 내일을 맞이하게 될 것이다.**

운이 좋고 노력의 방향이 맞아떨어진다면, 후자의 경우에는 정말로 달라진 미래를 얻을 수도 있다.

물론 이런 일이 모든 상황에 적용될 수는 없다. 그러나 **부정적인 한계를 정하기보다는, 긍정의 끈을 놓지 않는 편이 유리하다**는 말을 전하고 싶다.

두 사람 중, 어느 쪽이 더 행복에 가까운 삶을 살게 될지는 당신도 느끼고 있을 것이다.

가능성으로 빛나는 당신

우리는 청춘의 찬란함을 부러워할 때가 있다. 그 휘황찬란함이라니!

그 찬란함은 어디에서 오는 걸까? 어쩌면 그것은 가능성에서 오는 건지도 모른다. 청춘이 지닌 잠재력과 거기에서 느껴지는 무수한 가능성 말이다. 또한, 편견 없이 세상을 바라보는 눈은 기회를 향한 도전 의식(의욕)과 호기심으로 빛난다.

우리는 사회에 나와 한계에 부딪히면서 자신의 가능성을 점점 더 낮게 평가한다. 몇 번의 비슷한 경험을 통해 선입견을 만들고, 그 과정에서 순수한 눈빛을 잃는다.

'나이가 들어 기회와 가능성이 적어진 현실에서, 더는 젊은 시절의 찬란함을 가질 수 없다.'라는 말에 당신은 동의하는가? 그렇다면 늦은 나이에도 기회를 찾아 새로운 것에 도전하는 또 다른 어른의 눈은 왜 여전히 빛나는 걸까? 그 어른은 적당한 현실에 안주해 살아가는 젊은이들보다 더 찬란해 보이지 않는가. 만약 그들의 찬란함이 부럽다면, **당신의 가능성에 제한을 두지 않기를 바란다.** 당신이 만들 수 있는 기적은 분명히 존재하니까!

선입견 없이 세상을 바라보고, 그 속에 숨겨진 가능성의 단서를 발견하기를 바란다. 어떠한 일 앞에서도 당신의 가치와 순수함을 기억해 내고, **당신 앞에 펼쳐진 무한한 가능성의** 도화지를 발견하기를 바란다.

언젠가 이번 생을 대표할 멋진 **그림을 완성하시길,** 꼭 그러하시길 바란다.